Enterprise Risk Management

Gabriel Frahm

Enterprise Risk Management

Das Risikomanagement einer wert-orientierten Unternehmenssteuerung

Gabriel Frahm
Hamburg, Deutschland

ISBN 978-3-658-31283-1   ISBN 978-3-658-31284-8   (eBook)
https://doi.org/10.1007/978-3-658-31284-8

Die Deutsche Nationalbibliothek verzeichnet diese Publikation in der Deutschen Nationalbibliografie; detaillierte bibliografische Daten sind im Internet über http://dnb.d-nb.de abrufbar.

Planung/Lektorat: Vivien Bender
Springer Gabler ist ein Imprint der eingetragenen Gesellschaft Springer Fachmedien Wiesbaden GmbH und ist ein Teil von Springer Nature.
Die Anschrift der Gesellschaft ist: Abraham-Lincoln-Str. 46, 65189 Wiesbaden, Germany

Vorbemerkungen

Zum Autor

Gabriel Frahm absolvierte ein Studium der Betriebswirtschaftslehre und war an der Universität zu Köln u. A. am Lehrstuhl für Statistik und Ökonometrie beschäftigt. In Köln promovierte er im Fachbereich Statistik und habilitierte sich in Statistik und Ökonometrie. Darüber hinaus war er in diversen Forschungseinrichtungen im Bereich der Finanzmathematik tätig. Seit 2012 ist er Inhaber des Lehrstuhls für Angewandte Stochastik und Risikomanagement an der Helmut-Schmidt-Universität.

Zum Buch

Aufbau

In diesem Buch gehen wir der Frage nach, wie ein Unternehmer **risikobewusste** und **wertorientierte** Entscheidungen treffen kann. Jedes Unternehmen birgt Risiken. Auf der einen Seite möchte der Unternehmer Risiken minimieren, auf der anderen Seite strebt er jedoch eine Gewinnmaximierung an. Damit befindet er sich in einem Zielkonflikt. Er bewegt sich nicht nur permanent in einem Spannungsfeld zwischen Risiko und Profit, sondern muss zudem dafür Sorge tragen, dass das Eigenkapital des Unternehmens ausreicht, um die aus den Investitionsprojekten resultierenden Risiken zu tragen. Die Eigenkapitalgeber des Unternehmens erwarten außerdem, dass der Wert ihrer Anteile am Unternehmen langfristig steigt, insbesondere wenn es sich um eine börsennotierte Gesellschaft handelt.

In diesem Buch werden Methoden zur Messung von Unternehmensrisiken vorgestellt und die Grundlagen einer risikoadjustierten Bewertung von Unternehmen vermittelt. Risikoadjustierung bildet die Basis einer wertorientierten Unternehmenssteuerung. Hierbei verfolgt *Enterprise Risk Management* (ERM) einen **ganzheitlichen** („holistischen") Ansatz. Im Gegensatz zum traditionellen Risikomanagement werden die Risiken einzelner Abteilungen oder Geschäftsbereiche nicht unabhängig voneinander betrachtet. Vielmehr berücksichtigt man die Auswirkung einzelner Investitionsprojekte auf das **Gesamtrisiko** des Unternehmens. Wir sprechen in diesem Zusammenhang auch von *Risikoaggregation*. Das Ziel besteht darin, Diversifikationspotenziale zu nutzen und den Unternehmenswert durch das bewusste Eingehen **erwünschter** Risiken zu steigern. Gleichzeitig muss der Unternehmer jedoch dafür Sorge tragen, dass die Kapitaldecke des Unternehmens hinreichend stark ist, um eine *Insolvenz* zu vermeiden.

Im ersten Kapitel dieses Buchs diskutieren wir verschiedene Risikobegriffe und rekapitulieren elementare Regeln der Wahrscheinlichkeitsrechnung. Ebenso gehen wir auf fundamentale Resultate der Kapitalmarkttheorie ein. Letztere bilden die Grundpfeiler unserer heutigen Sicht auf das Risiko. Im zweiten Kapitel beschäftigen wir uns mit der Frage, wie wir Risiken überhaupt messen können und lernen einige wichtige *Risikomaße* kennen. Risikomaße sollten bestimmten Anforderungen genügen. Sind diese Anforderungen erfüllt, so sprechen wir von einem *kohärenten* Risikomaß. Zudem erörtern wir im zweiten Kapitel, wie wir das Gesamtrisiko eines Unternehmens in seine Bestandteile zerlegen können, vorausgesetzt, wir verwenden ein kohärentes Risikomaß.

Im dritten Kapitel erörtern wir verschiedene Kapitalbegriffe, wobei für uns das sogenannte *ökonomische Kapital* eine besondere Bedeutung hat. Wir werden diverse Methoden zur Ermittlung des ökonomischen Kapitals kennenlernen und anhand von Fallbeispielen diskutieren. Im vierten Kapitel gehen wir der Frage nach, wie ein Unternehmer das vorhandene Kapital risikobewusst einsetzen kann. Zudem lernen wir verschiedene Maße für den Unternehmenserfolg kennen und diskutieren deren Vor- und Nachteile. Im fünften Kapitel gehen wir zunächst auf das COSO-Regelwerk ein, bevor wir uns dem Begriff der Kapitalkosten widmen. Kapitalkosten bilden die Grundlage für die Berechnung des *Kapitalwerts* von Investitionsentscheidungen. Dieser entpuppt sich als wesentliches Instrument einer wertorientierten Unternehmenssteuerung. Im sechsten Kapitel schließen wir dieses Buch mit einigen Fallstudien aus der Praxis ab.

Am Ende eines jeden Kapitels befindet sich eine Reihe von Übungsaufgaben. Darüber hinaus stelle ich in den jeweiligen Abschnitten ab und zu Kontrollfragen. Sowohl zu den Kontrollfragen als auch zu den Übungsaufgaben werden Lösungshinweise zur Verfügung gestellt.

Lernziele

Nach der Lektüre dieses Buchs können Sie

- beschreiben, wie das Spannungsfeld zwischen Risiko und Profit eines Unternehmens zustande kommt und wie sich der Unternehmer in diesem Spannungsfeld optimal positionieren kann.
- Verfahren anwenden, auf deren Grundlage man beurteilen kann, ob das vorhandene Eigenkapital eines Unternehmens ausreicht, um eine Insolvenz mit hoher Wahrscheinlichkeit zu vermeiden.
- beurteilen, welche Entscheidungen zu treffen sind, um das Eigenkapital eines Unternehmens langfristig zu steigern.
- die zentralen Resultate der Kapitalmarkttheorie darlegen und in den Gesamtkontext einordnen.
- sowohl in formaler als auch in inhaltlicher Hinsicht definieren, was ein Risikomaß ist. Darüber hinaus sind Sie mit den Eigenschaften eines kohärenten Risikomaßes vertraut und in der Lage, diese Eigenschaften selbständig zu verifizieren oder zu falsifizieren.
- die verschiedenen Kapitalbegriffe erläutern und darlegen, weshalb der Begriff des ökonomischen Kapitals im Rahmen des Enterprise Risk Managements von besonderer Bedeutung ist.
- die gängigen Methoden zur Ermittlung des ökonomischen Kapitals erläutern, in ihre Bestandteile zerlegen sowie die Funktionsweise der einzelnen Komponenten erkennen. Sie sind insbesondere imstande, Ihre Erkenntnisse auf praktische Problemstellungen zu transferieren.
- einem Unternehmer erklären, wie er das vorhandene Kapital risikobewusst einsetzen kann, und zudem Konzepte entwickeln, um den unternehmerischen Erfolg nachträglich zu messen.
- die Kernaussagen des COSO-Regelwerks rekapitulieren und im betriebswirtschaftlichen Kontext erläutern.

- die verschiedenen Formeln zur Berechnung von Kapitalkosten herleiten und schlüssig begründen, weshalb man sich im Rahmen einer wertorientierten Unternehmenssteuerung auf den Marktwert und nicht auf den Buchwert des Eigenkapitals konzentrieren sollte.
- den Kapitalwert einer Investitionsentscheidung definieren und als Instrument einer wertorientierten Unternehmenssteuerung nutzen.
- Beispiele erläutern, in denen die hier dargelegten Methoden des Enterprise Risk Managements in der Praxis eingesetzt werden.

Inhaltsverzeichnis

Einführung

1.1 Was verstehen wir unter Risiko?

1.1.1 Risikobegriffe

Merriam-Webster definiert den Begriff *Risiko* wie folgt:[1]

- „Possibility of loss or injury"
- „Someone or something that creates or suggests a hazard"

---

[1] Siehe www.merriam-webster.com/dictionary/risk.

© Springer Fachmedien Wiesbaden GmbH, ein Teil von Springer Nature 2021
G. Frahm, *Enterprise Risk Management*,
https://doi.org/10.1007/978-3-658-31284-8_1

Aus der Sicht der Betriebswirtschaftslehre erweisen sich die obigen Definitionen als unzureichend. Die folgenden Definitionen sind im Risikomanagement etwas gebräuchlicher:

- Die Gefahr eines Ereignisses, welche die Erreichung etwaiger Ziele oder den Entscheidungsspielraum eines Unternehmens einschränkt.
- Die messbare Wahrscheinlichkeit eines Verlustes oder gar des Nichterfüllens gegebener Erwartungen.

Der letzte Punkt deutet explizit auf **messbare** Wahrscheinlichkeiten hin (Knight, 1921, Teil I, Kapitel I, Absatz 26):

- Der Begriff *Risiko* setzt voraus, dass wir die Wahrscheinlichkeit eines Verlustes objektiv messen können.
- Hingegen verstehen wir unter dem Begriff *Unsicherheit* eine Situation, in der wir keinen Zugriff auf objektive Wahrscheinlichkeiten haben.

Übungsaufgabe 1.1

In welchen Situationen ist ein Individuum mit Risiko bzw. mit Unsicherheit konfrontiert? ◄

▶   Wir gehen in diesem Buch stets von messbaren Wahrscheinlichkeiten aus, d. h., wir tun so, als ob sich der Entscheidungsträger in einer **riskanten** und nicht in einer **unsicheren** Situation befindet.

Im Rahmen dieses Buches bedeutet Risiko schlichtweg die Gefahr eines unternehmerischen *Verlustes,* d. h. einer Minderung des *Eigenkapitals.* Im herkömmlichen Sinn ist das Eigenkapital eine Residualgröße in der *Bilanz* des Unternehmens (vgl. Abb. 1.1):

Eigenkapital = Aktiva − Fremdkapital

Die linke Seite der Bilanz erfasst alle Vermögensgegenstände inklusive aller Forderungen des Unternehmens *(Aktiva),* während die rechte Seite der Bilanz dessen Verbindlichkeiten *(Passiva)* beinhaltet. Wir sagen auch, dass die Aktivseite die *Mittelverwendung* und die Passivseite die *Mittelherkunft* abbildet. Das Eigenkapital ist gewissermaßen das, was für die *Eigentümer* des Unternehmens übrig bleibt, nachdem Sie das Vermögen des Unternehmens um dessen Schulden bereinigt haben. Das Eigenkapital gehört somit den Eigentümern, während das Fremdkapital seinen *Gläubigern* zusteht.

Verbindlichkeiten, welche lediglich eine Gewinnbeteiligung (z. B. in Form von Dividenden) beinhalten, zählen zum Eigenkapital des Unternehmens. Gehen die Verbindlichkeiten jedoch mit einem Zahlungsversprechen einher (z. B. in Form von Zinsen und Tilgung), so

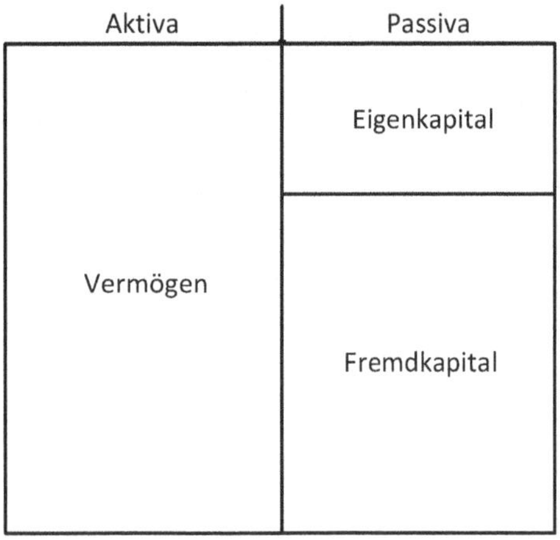

Abb. 1.1 Die Struktur einer
Bilanz

Aktiva	Passiva
Vermögen	Eigenkapital
	Fremdkapital

stellen sie Fremdkapital dar. In Abschn. 3.1 werden wir etwas detaillierter auf den Unterschied zwischen Eigen- und Fremdkapital eingehen.

Übungsaufgabe 1.2

Auf welche Arten von Eigen- und Fremdkapital kann eine Aktiengesellschaft (AG) zurückgreifen? ◄

Das Unternehmen ist genau dann *insolvent,* wenn es *zahlungsunfähig* oder *überschuldet* ist. Letzteres bedeutet, dass dessen Eigenkapital negativ ist, d. h., die Summe aller Schulden übersteigt die Summe aller Vermögenswerte des Unternehmens.

▶   Wir gehen in diesem Buch stets von einem solventen Unternehmen mit positivem
     Eigenkapital aus.

Das Ziel eines Unternehmers kann jedoch nicht darin bestehen, Risiken vollständig zu vermeiden. Unternehmerisches Handeln erfordert stets die Bereitschaft, Risiken einzugehen, d. h., einen möglichen Verlust in Kauf zu nehmen. Der Unternehmer sollte jedoch **risikobewusst** und **wertorientiert** agieren. Was das genau bedeutet, werden wir später erörtern.

Vor allem Banken und Versicherungen gehen bewusst finanzielle Risiken ein. Zu diesem Zweck müssen wir zunächst verstehen,

1. wodurch das Risiko zustande kommt und
2. wie wir es beeinflussen können.

Anschließend versuchen wir das Risiko zu steuern. Unter *Risikomanagement* verstehen wir im Wesentlichen die Steuerung von Risiken. Hingegen wird der Begriff *Risikokontrolle* im Allgemeinen dem Controlling eines Unternehmens zugeordnet. Es beinhaltet die Messung und Überwachung von Risiken. In der Praxis gehen Risikomanagement und Risikokontrolle oft Hand in Hand.

In Banken und Versicherungen spielt das Risikomanagement im Vergleich zu Industrieunternehmen traditionell eine größere Rolle.

Beispiel 1.1

Die Deutsche Bank AG besitzt unter anderem die folgenden Organe des Risikomanagements:[2]

- **Risk Executive Committee:** höchstes Gremium auf der Konzernebene (mit Vorstandsbeteiligung), das die konzernweite Steuerung und Kontrolle von Risiken verantwortet.
- **Group Credit Policy Committee:** Unterkomitee des Risk Executive Committee, welches die konzernweiten Kreditgrundsätze der Bank verantwortet.
- **Group Reputational Risk Committee:** ebenso ein Unterkomitee des Risk Executive Committee, welches über alle Fragen zu Reputationsrisiken entscheidet, deren Behandlung eine Eskalation auf höhere Führungsebenen erfordert. ◄

Offenbar spielt das *Reputationsrisiko* bei der Deutschen Bank eine besonders wichtige Rolle. Es handelt sich dabei um das Risiko negativer wirtschaftlicher Auswirkungen aufgrund einer Schädigung des Rufs des Unternehmens. Eine alternative Definition liefert der Basler Ausschuss für Bankenaufsicht (BIZ, 2001, S. 3). Demnach besteht das Reputationsrisiko in der „Gefahr, dass eine negative Publizität über das Geschäftsgebaren und die Geschäftsverbindungen einer Bank, ob zutreffend oder nicht, das Vertrauen in die Integrität des Instituts beeinträchtigt".

Über das Reputationsrisiko hinaus sind Banken üblicherweise mit den folgenden Risiken konfrontiert:

- *Kreditrisiko:* die Gefahr, dass ein Kreditnehmer seinen Zahlungsverpflichtungen nicht nachkommt (z. B. indem er Zins- oder Tilgungszahlungen nicht wie vereinbart entrichtet)

---

[2]Siehe www.db.com/cr/de/datencenter/strukturen-des-risikomanagements.htm.

- *Marktrisiko:* die Gefahr einer ungünstigen Entwicklung von Marktpreisen (z. B. von Aktienkursen, Zinssätzen, Wechselkursen, Rohstoffpreisen etc.
- *Operationelles Risiko:* die Gefahr von Verlusten aufgrund falscher Systeme, misslungener interner Betriebsabläufe, menschlichen Versagens und externer Ereignisse
- *Liquiditätsrisiko:* die Gefahr, dass die Bank selbst ihren Zahlungsverpflichtungen nicht nachkommen kann

---

Übungsaufgabe 1.3

Weshalb handelt es sich beim Zinsänderungsrisiko nicht um ein Kreditrisiko? ◄

Übungsaufgabe 1.4

Unter welche Kategorie fällt das Risiko einer Umweltkatastrophe? ◄

Zu den Schuldnern einer Bank zählen private Haushalte, Unternehmen und Staaten. Letztere nehmen jedoch üblicherweise keinen Kredit bei einer Geschäftsbank auf, sondern emittieren stattdessen *Anleihen.* D. h., sie geben börsennotierte festverzinsliche Wertpapiere aus. Eine Anleihe ist also ein Wertpapier, das dem Gläubiger das Recht auf Rückzahlung (des *Nominalbetrags*) sowie auf Zahlung vereinbarter Zinsen (die *Kuponzahlungen*) einräumt. Das beinhaltet jedoch keineswegs, dass der betreffende Staat all seinen Verpflichtungen **tatsächlich** nachkommt. Es kommt durchaus vor, dass Staaten bankrott gehen und dabei Kuponzahlungen versäumen oder sogar die gesamte Rückzahlung verweigern. Seit Anfang des 19. Jahrhunderts gab es ca. 250 Fälle, in denen ein Staat seine Schulden bei ausländischen Geldgebern nicht bedienen konnte, und in knapp 70 Fällen waren die Einlagen der eigenen Bevölkerung betroffen (Reinhart und Rogoff, 2010).

Unter einem *Rating* verstehen wir die Beurteilung der Kreditwürdigkeit *("Bonität")* eines Unternehmens oder Staates. Der betreffende Schuldner wird dabei einer *Ratingklasse* zugeordnet. Die Bank überlässt das Rating i. d. R. einer *Ratingagentur.* Zu den bekanntesten Ratingagenturen zählen Moody's, Standard & Poor's (S&P) und Fitch Ratings.

Tab. 1.1 enthält eine Übersicht typischer Ratingklassen für langfristige Anleihen. Die Ratingklassen spiegeln das Risiko eines Zahlungsausfalls ("Default") des betreffenden Emittenten wider. Je höher die Ratingklasse, desto kleiner das Ausfallrisiko. In der ersten Ratingklasse ("Triple A") befinden sich nur die besten Emittenten mit einem praktisch vernachlässigbaren Ausfallrisiko. Moody's teilt die nächste Ratingklasse in Aa1, Aa2 und Aa3 auf. S&P und Fitch unterscheiden dort hingegen zwischen AA+, AA und AA−. Die folgenden vier Ratingklassen werden genauso aufgefächert. Bei der ersten Ratingklasse erfolgt jedoch keine weitere Aufteilung, da die Bonität jener Emittenten bereits maximal ist. Die letzten drei Ratingklassen werden von den Ratingagenturen unterschiedlich gehandhabt.

Im Gegensatz zu Industrie- und Dienstleistungsunternehmen agieren Banken systematisch am *Kapitalmarkt.* Sie sind somit in der Lage, Risiken durch einen gezielten Einsatz von Finanzinstrumenten zu steuern. Zwecks *Risikosteuerung* greifen Banken auf die folgenden Maßnahmen zurück:

Tab. 1.1 Ratingklassen für langfristige Anleihen

Moody's	S&P	Fitch	Kategorie
Aaa	AAA	AAA	
Aa	AA	AA	Investment-
A	A	A	Grade
Baa	BBB	BBB	
Ba	BB	BB	Non-
B	B	B	Investment-
Caa	CCC	CCC, CC	Grade
Ca	CC, C	C	/
C	SD, D	RD, D	„Junk Bonds"

1. *Risikolimitation:* Die Bank versucht bestimmte Risiken von vornherein durch die Begrenzung der Kreditvergabe zu vermeiden.
2. *Risikoreduktion:* Sie versucht Risiken ausfindig zu machen, um diese zu verringern oder auf Andere abzuwälzen, z. B. durch den Einsatz von Derivaten („Hedging").
3. *Risikodiversifikation:* Sie versucht möglichst viele kleine und unabhängige Einzelrisiken einzugehen.
4. *Risikokompensation:* Sie versucht mögliche Verluste durch die Zinsmarge zu kompensieren („Risk Adjusted Pricing").

Übungsaufgabe 1.5

Welche Beispiele fallen Ihnen zu den oben genannten Maßnahmen der Risikosteuerung ein? ◀

1.1.2   Historie und Gegenwart

Das heutige Risikomanagement ist eng verknüpft mit der Entwicklung von Finanzderivaten. Ein *Derivat* ist ein Finanzinstrument, das auf einem anderen Finanzinstrument basiert.

Beispiel 1.2

Eine *Kaufoption* („Call Option") gibt ihrem Inhaber das Recht, ein bestimmtes Finanzinstrument („Basiswert"), z. B. eine Aktie oder eine Währung, während oder am Ende eines bestimmten Zeitraums zu einem vorher festgelegten Kurs („Ausübungspreis") zu kaufen. Eine *Verkaufsoption* („Put Option") gibt ihrem Inhaber hingegen das Recht, ein bestimmtes Finanzinstrument während oder am Ende eines bestimmten Zeitraums zu einem vorher festgelegten Kurs zu verkaufen. ◀

Bereits im Kodex Hammurapis von Babylon (ca. 1800 v. Chr.) wurden Verträge dokumentiert, die man aus heutiger Sicht als „Termingeschäfte" bezeichnen würde. Eine sehr detaillierte Beschreibung einer Option findet man etwa im 17. Jahrhundert in Joseph de la Vegas „Die Verwirrung der Verwirrungen: Börsenpsychologie – Börsenspekulation". Optionen und andere Finanzderivate sind also nichts Neues. Sie wurden von Wirtschaftssubjekten ursprünglich zur **Begrenzung** von Risiken eingesetzt („Anchors of security in a storm").

▶   Global betrachtet bleiben Finanzrisiken jedoch stets bestehen. Finanzderivate verschieben Risiken lediglich von A nach B.

In der Vergangenheit sind Derivate aufgrund zahlreicher negativer Schlagzeilen („Wild beasts of finance") im Kontext der *Finanzkrise* 2007/2008 in Verruf geraten. Die gehandelten Finanzinstrumente wurden immer komplexer und damit undurchsichtiger. Somit waren die betroffenen Banken nicht mehr in der Lage, den Derivaten einen *fairen Wert* beizumessen sowie das damit einhergehende Verlustrisiko abzuschätzen.

Mit Hilfe der Bankenregulierung (Basel I–IV) versucht man das *Insolvenzrisiko* von Banken zu restringieren. Im Gegensatz zur Insolvenz eines Unternehmens kann die Insolvenz einer **Bank** der betreffenden Volkswirtschaft nämlich einen beträchtlichen Schaden zufügen. Wir sprechen in diesem Zusammenhang vom *systemischen Risiko*.

1.2   Methodische Grundlagen

1.2.1   Wahrscheinlichkeitsrechnung

Risiko entsteht aus dem Zufall. Der Begriff des Zufalls wurde zum ersten Mal 1933 von dem Russischen Mathematiker A. N. Kolmogoroff formal definiert. Er wählte dabei den axiomatischen Ansatz. Das Kolmogoroffsche Axiomensystem bildet die Grundlage unserer heutigen Wahrscheinlichkeitsrechnung. Demnach besteht ein Zufallsexperiment aus drei Komponenten:

1. die Ergebnismenge Ω,
2. die Ereignismenge $\mathcal{A}$ sowie
3. das Wahrscheinlichkeitsmaß P.

Wir bezeichnen das Tripel $(\Omega, \mathcal{A}, P)$ als *Wahrscheinlichkeitsraum*. Die Ergebnismenge Ω kann endlich oder unendlich sowie abzählbar oder überabzählbar sein. Hierbei stellt $\omega \in \Omega$ ein mögliches *Ergebnis* des Zufallsexperiments dar. In ökonomischen Anwendungen beschreibt ω einen unvorhersehbaren *Umweltzustand* („State of Nature"). Ferner ist $A \in \mathcal{A}$ eine Teilmenge von Ω und wird als *Ereignis* bezeichnet.

Die Wahrscheinlichkeit, dass das Ereignis A eintritt, wird formal mit P(A) ausgedrückt und es gelten die *Kolmogoroffschen Axiome*:

1. P(Ω) = 1,
2. P(A) $\geq$ 0 für alle $A \in \mathcal{A}$ und
3. P$\left(\bigcup_{i=1}^{\infty} A_i\right) = \sum_{i=1}^{\infty}$ P(A_i) für alle paarweise disjunkten Ereignisse $A_1, A_2, \ldots \in \mathcal{A}$.

Daraus folgen die üblichen Rechenregeln für Wahrscheinlichkeiten.

In der Wahrscheinlichkeitsrechnung arbeiten wir mit *Zufallsvariablen*. Sehr vereinfacht ausgedrückt handelt es sich bei einer Zufallsvariablen um eine reelle Zahl, deren Wert wir im Vorhinein nicht kennen. Wir bezeichnen diesen a priori unbekannten Wert als **Realisation** der Zufallsvariablen. Um die Zufallsvariable von ihrer Realisation zu unterscheiden, drücken wir die Zufallsvariable durch einen großen lateinischen Buchstaben aus, während wir die entsprechende Realisation durch einen kleinen lateinischen Buchstaben symbolisieren.

Beispiel 1.3

Seien X und Y zwei Zufallsvariablen. Dann sind z. B. $x = 3$ und $y = -1$ die dazugehörigen Realisationen. ◀

Eine Zufallsvariable besitzt stets eine *Wahrscheinlichkeitsverteilung*. Die Wahrscheinlichkeitsverteilung einer diskreten Zufallsvariablen wird durch eine sogenannte *Massefunktion* ausgedrückt, während wir es bei einer (absolut) stetigen Zufallsvariablen mit einer *Dichtefunktion* zu tun haben.

Beispiel 1.4

Die bekannteste stetige Wahrscheinlichkeitsverteilung ist die *Normalverteilung*. Sie wird durch $\mathcal{N}(\mu, \sigma^2)$ symbolisiert, wobei μ der Mittelwert und σ^2 die Varianz der betrachteten Zufallsvariablen ist. ◀

Die Funktion
$$F(x) := P(X \leq x), \qquad \forall\, x \in \mathbb{R},$$
wird als *Verteilungsfunktion* von X bezeichnet.

Beispiel 1.5

Die Zufallsvariable $X \sim \mathcal{N}(10, 5^2)$ besitzt den *Erwartungswert* $\mu = 10$ und die *Standardabweichung* $\sigma = 5$. Sie können die Dichtefunktion sowie die Verteilungsfunktion von X der Abb. 1.2 entnehmen. ◀

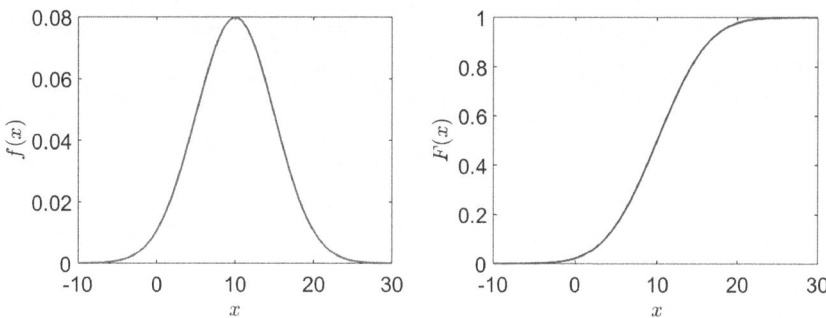

Abb. 1.2 Dichtefunktion (links) und Verteilungsfunktion (rechts) einer Zufallsvariablen $X \sim \mathcal{N}(10, 5^2)$

Im nächsten Abschnitt werden wir auf fundamentale Resultate der Portfoliotheorie zurückgreifen. Um die Herleitungen nachvollziehen zu können, benötigen wir ein paar Rechenregeln bezüglich der ersten beiden Momente einer Summe von Zufallsvariablen. Im Folgenden seien $X_1, X_2, \ldots, X_n$ und $Y_1, Y_2, \ldots, Y_m$ beliebige Zufallsvariablen mit endlichen Varianzen und Kovarianzen, womit implizit auch deren Erwartungswerte endlich sind.

Bezüglich des Erwartungswerts von $a + bX$ gilt $E(a + bX) = a + bE(X)$ für alle $a, b \in \mathbb{R}$ sowie

$$E\left(\sum_{i=1}^{n} X_i\right) = \sum_{i=1}^{n} E(X_i).$$

Hierbei können die Zufallsvariablen $X_1, X_2, \ldots, X_n$ in beliebiger Art und Weise voneinander abhängen. Der Erwartungswert ist somit stets **additiv**.

Die *Varianz* von $a + bX$ beträgt jedoch $\text{Var}(a + bX) = b^2 \text{Var}(X)$. D.h., die Konstante a spielt bei der Varianz von $a + bX$ überhaupt keine Rolle, während die Konstante b beim „Ausklammern" quadriert werden muss. Für die *Kovarianz* von $a + bX$ und $c + dY$ gilt dementsprechend

$$\text{Cov}(a + bX, c + dY) = bd \, \text{Cov}(X, Y)$$

für alle $a, b, c, d \in \mathbb{R}$ sowie

$$\text{Cov}\left(\sum_{i=1}^{n} X_i, \sum_{j=1}^{m} Y_j\right) = \sum_{i=1}^{n} \sum_{j=1}^{m} \text{Cov}(X_i, Y_j).$$

Bezüglich der Varianz der Summe von $X_1, X_2, \ldots, X_n$ erhalten wir also

$$\text{Var}\left(\sum_{i=1}^{n} X_i\right) = \text{Cov}\left(\sum_{i=1}^{n} X_i, \sum_{i=1}^{n} X_i\right) = \sum_{i=1}^{n} \sum_{j=1}^{n} \text{Cov}(X_i, X_j).$$

▶ Die Varianz ist im Gegensatz zum Erwartungswert **nicht** additiv. D. h., die Varianz einer Summe von Zufallsvariablen ist im Allgemeinen **nicht** gleich der Summe der Varianzen aller Zufallsvariablen.

Diese Erkenntnis spielt eine wesentliche Rolle in der modernen Kapitalmarkttheorie und hat einen essenziellen Einfluss auf das Risikomanagement. Wir werden noch einige Male darauf zurückgreifen.

Übungsaufgabe 1.6

In welchem Spezialfall gilt

$$\mathrm{Var}\left(\sum_{i=1}^{n} X_i\right) = \sum_{i=1}^{n} \mathrm{Var}(X_i) \ ?$$

◀

▶ Sind $X_1, X_2, \ldots, X_n$ **gemeinsam** normalverteilt, so ist auch

$$a + \sum_{i=1}^{n} b_i X_i$$

mit $a, b_1, b_2, \ldots, b_n \in \mathbb{R}$ normalverteilt. Das gilt jedoch im Allgemeinen *nicht*, wenn $X_1, X_2, \ldots, X_n$ bloß normalverteilt sind.

Seien nun $w_1, w_2, \ldots, w_n$ beliebige reelle Zahlen. Es gilt also

$$\mathrm{Var}\left(\sum_{i=1}^{n} w_i X_i\right) = \sum_{i=1}^{n}\sum_{j=1}^{n} w_i w_j \sigma_{ij} = \sum_{i=1}^{n}\sum_{j=1}^{n} w_i w_j \sigma_i \sigma_j \rho_{ij}$$

mit $\sigma_{ij} := \mathrm{Cov}(X_i, X_j)$, $\sigma_i := \mathrm{Std}(X_i) = \sqrt{\sigma_{ii}}$ und

$$\rho_{ij} := \mathrm{Corr}(X_i, X_j) = \frac{\sigma_{ij}}{\sigma_i \sigma_j}$$

für $i, j = 1, 2, \ldots, n$. Hierbei wird ρ_{ij} als *Korrelationskoeffizient* bezeichnet. Der Korrelationskoeffizient misst die **lineare** Abhängigkeit zwischen X_i und X_j. Es gilt stets $-1 \leq \rho_{ij} \leq 1$.

▶ Zwei stochastisch unabhängige Zufallsvariablen sind stets unkorreliert. Der Umkehrschluss gilt jedoch **nicht**!

1.2.2 Kapitalmarkttheorie

Um die ökonomische Bedeutung der ziemlich abstrakt wirkenden theoretischen Resultate aus dem letzten Abschnitt herauszuarbeiten, betrachten wir ohne Beschränkung der Allgemeinheit (o. B. d. A.) den Entscheidungskalkül eines privaten Investors am *Kapitalmarkt*. Der folgende Kalkül beruht auf der bahnbrechenden Arbeit von Harry Markowitz (1952), der im Jahr 1990 für seinen Beitrag zur Portfoliotheorie den Nobelpreis erhielt.

Der Kapitalmarkt besteht aus einem *Aktienmarkt* und einem *Geldmarkt*. Der Aktienmarkt beinhaltet N Aktien. Auf dem Geldmarkt besteht die Möglichkeit einer **risikolosen** Geldanlage und Kreditaufnahme. Es existieren also $N + 1$ Finanzinstrumente, wobei die risikolose Geldanlage bzw. Kreditaufnahme mit $i = 0$ symbolisiert wird. Sei R_i die *Rendite* der i-ten Aktie ($i = 1, 2, \ldots, N$) und $R_0 \equiv r$ der risikolose Zinssatz am Geldmarkt.[3]

Wir nehmen an, dass der Kapitalmarkt vollkommen ist. Damit stimmen der Soll- und der Habenzinssatz auf dem Geldmarkt überein. Die Aktien sind unendlich teilbar und der Investor kann beliebig viele Aktien kaufen und (leer-)verkaufen. Ebenso kann er beliebig viel Geld risikolos anlegen und aufnehmen. Außerdem existieren keine Steuern, Gebühren oder andere Transaktionskosten. Es gibt also keine „Reibungsverluste" und die Marktteilnehmer sind keinen Handelsbeschränkungen unterworfen.

Wir beziehen uns im Folgenden auf die *Portfoliorendite*

$$R_P := \sum_{i=0}^{N} w_i R_i,$$

wobei $w_0, w_1, \ldots, w_N$ die *Portfoliogewichte* darstellen.[4] Auf dem Geldmarkt kann der Investor beliebig viel Geld anlegen und aufnehmen, womit die *Budgetrestriktion*

$$\sum_{i=0}^{N} w_i = 1$$

stets erfüllt ist. Die Portfoliogewichte können hierbei durchaus negativ werden, d. h., der Investor darf *Leerverkäufe* tätigen. Der Erwartungswert der Portfoliorendite beträgt $\mu_P := \mathrm{E}(R_P)$ und deren Standardabweichung ist $\sigma_P := \mathrm{Std}(R_P) = \sqrt{\mathrm{Var}(R_P)}$.

Angenommen, es existieren lediglich zwei Aktien A und B. Wir lassen den Geldmarkt zunächst außen vor. Die erwartete Portfoliorendite beträgt

$$\mu_P = w_A \mu_A + \underbrace{(1 - w_A)}_{= w_B} \mu_B.$$

---

[3]Die Rendite einer Aktie ist deren **relative** Preisveränderung nach einer vorgegebenen Periode, inklusive aller innerhalb der betrachteten Periode angefallenen Dividenden.

[4]Das Portfoliogewicht einer Aktie ist der Wert der betreffenden Position im Verhältnis zum gesamten Eigenkapital des Investors.

Damit ist der Erwartungswert der Portfoliorendite also eine Linearkombination der einzelnen Erwartungswerte μ_A und μ_B.

▶ Sofern keine Leerverkäufe getätigt werden, kann die erwartete Rendite des Portfolios nicht größer als μ_A und μ_B sein.

Die Standardabweichung der Portfoliorendite ist

$$\sigma_P = \sqrt{w_A^2\sigma_A^2 + (1 - w_A)^2\sigma_B^2 + 2\,w_A(1 - w_A)\sigma_{AB}},$$

wobei $\sigma_{AB} = \mathrm{Cov}(R_A, R_B)$ die Kovarianz der Renditen von A und B ist. Für den Korrelationskoeffizienten

$$\rho_{AB} = \frac{\sigma_{AB}}{\sigma_A\sigma_B}$$

gilt stets $-1 \leq \rho_{AB} \leq 1$. Damit lässt sich die Standardabweichung der Portfoliorendite etwas anschaulicher darstellen:

$$\sigma_P = \sqrt{w_A^2\sigma_A^2 + (1 - w_A)^2\sigma_B^2 + 2\,w_A(1 - w_A)\sigma_A\sigma_B\rho_{AB}}.$$

Im Spezialfall $\rho_{AB} = 1$ erhalten wir also

$$\sigma_P = \left|w_A\sigma_A + \left(1 - w_A\right)\sigma_B\right|.$$

Sofern keine Leerverkäufe getätigt werden, ist σ_P **lediglich im Grenzfall** $\rho_{AB} = 1$ eine Linearkombination von σ_A und σ_B. Die Standardabweichung der Portfoliorendite kann in diesem Fall nicht kleiner als σ_A und σ_B werden. Das gilt jedoch keineswegs für den Fall $\rho_{AB} < 1$.

▶ Bei einer hinreichend kleinen Korrelation der Renditen kann σ_P sogar kleiner als σ_A und σ_B sein.

Abb. 1.3 Diversifikationseffekt

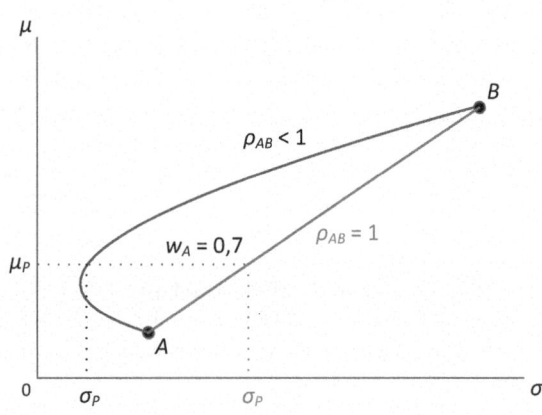

Wir bezeichnen dieses erstaunliche Phänomen als *Diversifikationseffekt*. Dieser Effekt wird in Abb. 1.3 verdeutlicht: Ohne die Aktie B würde der Investor ein größeres Risiko eingehen – und zwar im Vergleich zu einem Portfolio, bei dem er 70 % seines Eigenkapitals in die Aktie A und 30 % in die Aktie B investiert. Obwohl die Standardabweichung der Aktie B **größer** als die Standardabweichung der Aktie A ist, kann der Investor mittels *Diversifikation* (Risikostreuung) eine Standardabweichung erzielen, die **kleiner** ist, als die Standardabweichung der Aktie A.

Beispiel 1.6

Gegeben seien die Aktien A und B mit den folgenden Parametern:

$$\mu_A = 0{,}05, \quad \mu_B = 0{,}1, \quad \sigma_A = 0{,}2, \quad \sigma_B = 0{,}3, \quad \rho_{AB} = -0{,}7.$$

Ein Investor steckt 70 % seines Eigenkapitals in Aktie A und die restlichen 30 % in Aktie B. Damit gilt für den Erwartungswert der Portfoliorendite

$$\mu_P = 0{,}7 \cdot 0{,}05 + 0{,}3 \cdot 0{,}1 = 0{,}065.$$

Die Standardabweichung der Portfoliorendite beträgt

$$\sigma_P = \sqrt{0{,}7^2 \cdot 0{,}2^2 + 0{,}3^2 \cdot 0{,}3^2 + 2 \cdot 0{,}7 \cdot 0{,}3 \cdot 0{,}2 \cdot 0{,}3 \cdot (-0{,}7)} = 0{,}1003.$$

Damit ist das Risiko der Portfoliorendite merklich geringer als das Risiko der Aktie A und der Aktie B. ◄

▶ Einige Risiken können für den Investor also von Vorteil sein, wenn er dadurch das Gesamtrisiko seines Portfolios reduzieren kann.

Selbst wenn wir in dem letzten Beispiel von $\mu_B < \mu_A$ ausgehen würden, könnte es sich für den Investor lohnen, beide Aktien miteinander zu kombinieren. Das hängt letztlich von der Korrelation der Renditen und von der individuellen *Risikoaversion* des Investors ab, d. h. von seiner persönlichen Abneigung gegen das Risiko.

Übungsaufgabe 1.7

Welche Finanzinstrumente weisen Ihrer Meinung nach eine besonders kleine oder sogar eine negative Korrelation auf? ◄

In der Regel beinhaltet ein Aktienmarkt nicht nur zwei Aktien. Je mehr Aktien der Investor in Betracht zieht, desto größer ist der potenzielle Diversifikationseffekt. Ohne Berücksichtigung des Geldmarktes wählt der Investor ein Portfolio auf dem *effizienten Rand* (vgl. Abb. 1.4). Das optimale Aktienportfolio hängt dabei maßgeblich von seiner individuellen

Abb. 1.4 Optimales
Aktienportfolio ohne
Geldmarkt

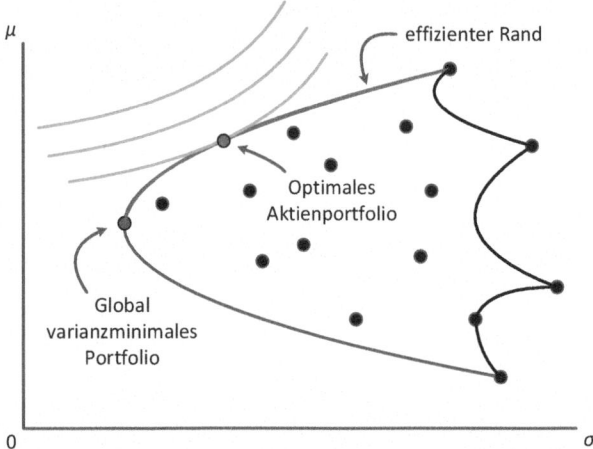

Risikoaversion ab. Wir drücken seine Risikoaversion durch *Indifferenzkurven* aus. Eine Indifferenzkurve ist der geometrische Ort aller μ-σ-Kombinationen, welche dem betrachteten Investor den gleichen Nutzen spenden.

Das *optimale Aktienportfolio* entspricht i. d. R. **nicht** dem *global varianzminimalen Portfolio*. Der Investor wählt stattdessen ein Portfolio, welches ein etwas größeres Risiko, aber dafür auch eine etwas größere erwartete Rendite aufweist. Risikominimierung ist also in aller Regel gar nicht das Ziel eines rationalen Investors. Vielmehr maximiert er seinen Nutzen, indem er sich für einen optimalen Ausgleich zwischen Risiko und Profit entscheidet.

In dem optimalen Aktienportfolio können Aktien enthalten sein, die im Hinblick auf μ **und** σ anderen Aktien unterlegen sind. Solche Aktien bezeichnet man als μ-σ-ineffizient.

▶   Das optimale Aktienportfolio setzt sich u. U. aus μ-σ-ineffizienten Aktien zusammen.

Übungsaufgabe 1.8

Weshalb wählt ein rationaler Investor möglicherweise μ-σ-ineffiziente Aktien aus? ◄

Bisher sind wir davon ausgegangen, dass der Investor den Geldmarkt nicht ausnutzt. Wir lassen diese restriktive Annahme nun fallen. Je nachdem ob er stark oder schwach risikoavers ist, wird er einen Teil seines Vermögens risikolos anlegen bzw. einen Kredit zum risikolosen Zinssatz aufnehmen (vgl. Abb. 1.5). Wie wir jedoch sehen können, hängt das optimale **Aktienportfolio** nicht von seiner individuellen Risikoaversion ab.

▶   Jeder Investor entscheidet sich für die gleiche Zusammensetzung von Aktien. Das Ausmaß der risikolosen Geldanlage bzw. Kreditaufnahme hängt jedoch von seiner individuellen Risikoaversion ab.

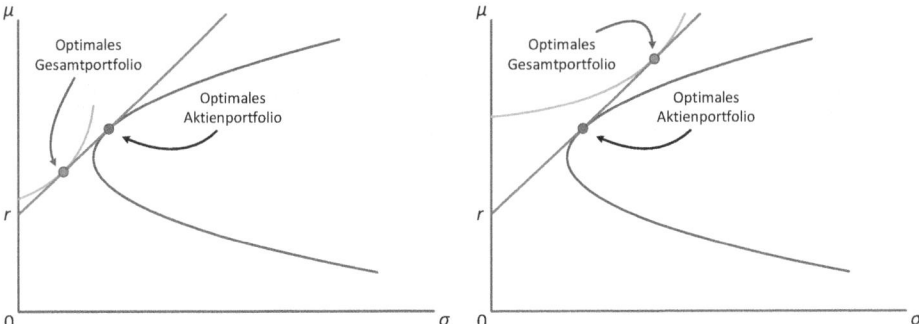

Abb. 1.5 Optimales Aktienportfolio mit Geldmarkt bei einem stark (links) und einem schwach (rechts) risikoaversen Investor

Wir können den Entscheidungskalkül des Investors somit in zwei Teile separieren. Wir sprechen hierbei von der *Tobin-Separation:*

1. Der Investor entscheidet zunächst über die Zusammensetzung seines Aktienportfolios. Alle Investoren kommen dabei zu dem gleichen Ergebnis, bezogen auf die **relative** Aufteilung ihres Vermögens.
2. Danach entscheidet er über die Zusammensetzung seines Gesamtportfolios, bestehend aus Aktien und der risikolosen Geldanlage bzw. Kreditaufnahme. Diese Entscheidung hängt nun von seiner individuellen Risikoaversion ab.

Beispiel 1.7

Ein rationaler Investor besitzt 1 Mio. €. Das optimale Aktienportfolio lautet

Aktie	A	B	C	D	E
Gewicht	20 %	10 %	35 %	15 %	20 %

Er möchte 40 % seines Eigenkapitals risikolos anlegen. Die restlichen 60 % investiert er somit in Aktien. Damit investiert er also

- $0,2 \cdot 600.000 = 120.000$ € in Aktie A
- $0,1 \cdot 600.000 = 60.000$ € in Aktie B
- etc.

Ein anderer rationaler Investor hat 1000 € und möchte 2000 € in Aktien investieren. D. h., er nimmt einen Kredit in Höhe von (i. H. v.) 1000 € auf und investiert

Abb. 1.6 Marktportfolio und Kapitalmarktlinie

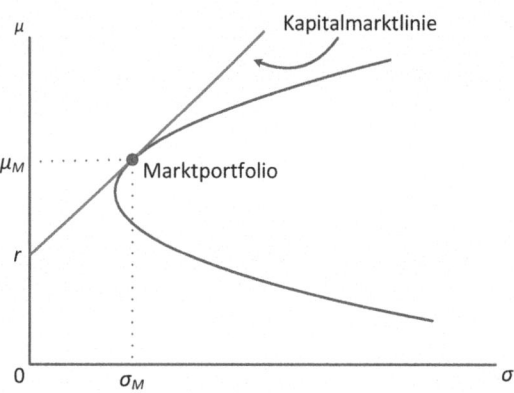

- $0{,}2 \cdot 2000 = 400 \, \text{€}$ in Aktie A
- $0{,}1 \cdot 2000 = 200 \, \text{€}$ in Aktie B
- etc. ◄

Da alle Investoren das gleiche Aktienportfolio anstreben, muss die relative Marktkapitalisierung aller Aktiengesellschaften im *Marktgleichgewicht* den Gewichten des optimalen Aktienportfolios entsprechen. Das optimale Aktienportfolio ist somit das *Marktportfolio*. D. h., jeder Investor entscheidet sich für das Marktportfolio und für eine risikolose Anlage oder Aufnahme von Geld, je nachdem, wie stark seine individuelle Risikoaversion ausgeprägt ist. Auf diese Weise nehmen die Investoren immer eine Position auf der *Kapitalmarktlinie* ein (vgl. Abb. 1.6).

Diese fundamentalen Resultate der Kapitalmarkttheorie sind Bestandteil des *Capital Asset Pricing Models* (CAPM). Wir drücken das zentrale Resultat des CAPM durch die Gleichung

$$\mu_i = r + \beta_i (\mu_M - r)$$

mit $\mu_M > r$ aus. Sie gilt sowohl für Aktien als auch für Portfolios. Hierbei ist

$$\beta_i := \frac{\sigma_{iM}}{\sigma_M^2}$$

das sogenannte *Beta* der Aktie i. Tab. 1.2 enthält exemplarisch die Betas aller DAX-30-Aktien.[5]

---

[5]Die Linde AG wurde am 30.10.2018 gegen die Linde plc ausgetauscht. Diese besaß damit noch keine hinreichend lange Zeitreihe, um deren Beta valide zu schätzen.

Tab. 1.2 Betas der DAX-30-Aktien. Quelle: Investing.com am 26.05.2020

Aktie	Beta	Aktie	Beta	Aktie	Beta	Aktie	Beta	Aktie	Beta
Adidas	0,72	Continental	1,20	Deutsche Telekom	0,62	Infineon	1,39	RWE	0,84
Allianz	0,99	Covestro	1,33	EON	0,66	Linde	–	SAP	0,98
BASF	1,20	Daimler	1,53	Fresenius SE	0,97	Lufthansa	1,07	Siemens	1,18
Bayer	1,10	Deutsche Bank	1,35	Fresenius ST	0,90	Merck	0,77	Volkswagen	1,56
Beiersdorf	0,33	Deutsche Börse	0,48	Heidelbergcement	1,22	MTU	1,18	Vonovia	0,30
BMW	1,31	Deutsche Post	1,01	Henkel	0,67	Münchner Rück	0,76	Wirecard	0,43

Aus der CAPM-Gleichung folgt die einfache *lineare Regressionsgleichung*

$$R_i = r + \beta_i (R_M - r) + \varepsilon_i.$$

Hierbei gilt $E(\varepsilon_i) = 0$ und $\mathrm{Cov}(R_M, \varepsilon_i) = 0$. D. h., der Störterm ε_i ist nicht mit der Rendite des Marktportfolios korreliert.

Wir bezeichnen

- $\beta_i (R_M - r)$ als *systematisches Risiko* und
- ε_i als *unsystematisches Risiko*

der Aktie i. Das systematische Risiko einer Aktie ist also der zufällige Teil der Rendite, welcher mit der Rendite des Marktportfolios korreliert ist. Das unsystematische Risiko wird manchmal auch als idiosynkratisches oder spezifisches Risiko bezeichnet. Es ist nicht mit dem systematischen Risiko der Aktie korreliert. Die Rendite einer Aktie hängt also zu einem Teil von der Rendite des Marktportfolios ab, je nachdem, wie groß das Beta der Aktie ist, und zu einem anderen Teil von einem unternehmensspezifischen Risiko, welches nicht mit der Rendite des Marktportfolios korreliert ist.

▶ Im Allgemeinen sind die unsystematischen Risiken der einzelnen Aktien jedoch **untereinander** korreliert.

Das systematische Risiko einer Aktie oder eines Portfolios wird durch das Beta der betreffenden Aktie bzw. des betreffenden Portfolios quantifiziert. Je höher das Beta, desto größer ist das systematische Risiko.

Abb. 1.7 Regressionsgerade
und Überrenditen

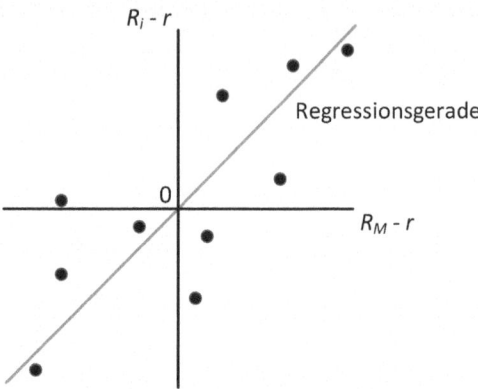

Übungsaufgabe 1.9

Welche Aktiengesellschaften weisen Ihrer Meinung nach ein hohes Beta auf? Für welche
Aktiengesellschaften gilt das Gegenteil? ◄

Beispiel 1.8

Abb. 1.7 stellt zehn fiktive Realisationen der *Überrendite* $R_i - r$ mit einem Beta von $\beta_i =$
$0,5$ dar. Die Realisationen verlaufen entlang einer Regressionsgeraden, deren Steigung
durch β_i ausgedrückt wird. Bei den Abweichungen von der Regressionsgeraden handelt
es sich um Realisationen des unsystematischen Risikos ε_i der betrachteten Aktie. ◄

Das Beta der risikolosen Anlage ist gleich 0. Das Beta eines Portfolios entspricht dem
gewichteten Durchschnitt der Betas seiner Bestandteile:

$$\beta_P = \sum_{i=1}^{N} w_i \beta_i.$$

Ferner ist das Beta des Marktportfolios gleich 1. Seien nun $w_{M1}, w_{M2}, \ldots, w_{MN}$ die
Gewichte des Marktportfolios.[6] Daraus folgt

$$R_M = \sum_{i=1}^{N} w_{Mi} R_i = r + \underbrace{\left(\sum_{i=1}^{N} w_{Mi} \beta_i \right)}_{=1} (R_M - r) + \underbrace{\sum_{i=1}^{N} w_{Mi} \varepsilon_i}_{=0},$$

d. h., das Marktportfolio besitzt kein unsystematisches Risiko.

---

[6]Beachte: Es gilt $\sum_{i=1}^{N} w_{Mi} = 1$.

▶ Die unsystematischen Risiken aller Aktien werden im Marktportfolio vollständig ausgelöscht („wegdiversifiziert"). Diese Risiken spielen daher für die Investoren keine Rolle.

Die Investoren erhalten also lediglich für das **systematische** Risiko einer jeden Aktie eine *Risikoprämie:*

$$\mu_i - r = \beta_i\left(\mu_M - r\right).$$

Die Risikoprämie wird also maßgeblich durch das Beta der betreffenden Aktie bestimmt. Für das **unsystematische** Risiko der Aktie werden die Investoren hingegen nicht entlohnt.

Die Kennzahl

$$\mathrm{Sh}_i := \frac{\mu_i - r}{\sigma_i}$$

wird als *Sharpe Ratio* der Aktie i bezeichnet. Wenn man beide Seiten der Gleichung mit der Risikoprämie durch $\sigma_i > 0$ dividiert, erhält man

$$\frac{\mu_i - r}{\sigma_i} = \rho_{iM} \cdot \frac{\mu_M - r}{\sigma_M}$$

und somit

$$\mathrm{Sh}_i = \rho_{iM}\,\mathrm{Sh}_M,$$

wobei $-1 \le \rho_{iM} \le 1$ die Korrelation zwischen R_i und R_M misst.

▶ Auf dem Kapitalmarkt existiert kein Portfolio, das eine höhere Sharpe Ratio aufweist als das Marktportfolio.

Diese Zusammenhänge werden in Abb. 1.8 veranschaulicht. Aus dieser Abbildung geht auch hervor, dass eine Aktie sogar eine **negative** Risikoprämie aufweisen kann, nämlich genau dann, wenn deren Rendite negativ mit der Rendite des Marktportfolios korreliert ist.

Abb. 1.8 Risikoprämien

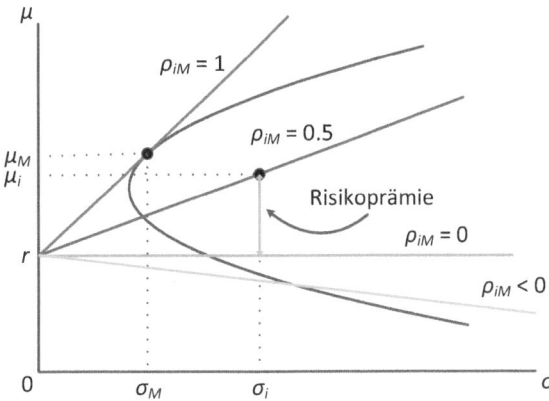

1.3   Zusammenfassung

Es gibt eine Vielzahl von Definitionen des Begriffs „Risiko". Im Rahmen dieses Buches konzentrieren wir uns auf betriebswirtschaftliche Risiken, genauer gesagt auf die Gefahr eines
unternehmerischen Verlustes. Wir gehen dabei stets von objektiv messbaren Wahrscheinlichkeiten aus. Unternehmerisches Handeln erfordert grundsätzlich die Bereitschaft, Risiken
einzugehen. Vor allem Banken und Versicherungen gehen bewusst finanzielle Risiken ein.
Unternehmen sollten jedoch im Interesse der Investoren agieren. Das zentrale Resultat der
Kapitalmarkttheorie basiert auf der Erkenntnis, dass man Risiken nicht isoliert voneinander
betrachten darf. Einige Risiken können für den Investor sogar von Vorteil sein, falls er durch
eine Beteiligung am Unternehmen das Gesamtrisiko seines Portfolios reduzieren kann. Wir
sprechen hierbei von Diversifikation. Tatsächlich setzt sich das Portfolio eines Investors
aus Aktien zusammen, die für sich genommen (μ-σ-)ineffizient sind und erst im Zusam-
menspiel mit anderen Aktien ihre Wirkung entfalten. Mit dem CAPM kommen wir zu der
Erkenntnis, dass alle Investoren das gleiche Aktienportfolio wählen. Dieses Aktienportfolio
entspricht somit dem Marktportfolio. Das systematische Risiko einer Aktie ist gerade der
Teil der Rendite, welcher durch die Rendite des Marktportfolios determiniert wird. Es wird
durch das Beta der betreffenden Aktie bestimmt. Je höher das Beta, desto größer ist auch
die Risikoprämie, die von den Investoren zwecks Entlohnung des systematischen Risikos
verlangt wird. Unsystematische Risiken werden allerdings nicht entlohnt, da sie im Marktportfolio vollständig ausgelöscht werden. Für eine wertorientierte Unternehmenssteuerung
sind diese Erkenntnisse essenziell und werden daher später wieder aufgegriffen.

1.4   Übungsaufgaben

Übungsaufgabe 1.10

Das operationelle Risiko einer Bank bezieht sich auf die Gefahr von Verlusten durch betrü-
gerische Mitarbeiter, Naturkatastrophen, Rechtsstreitigkeiten etc. Wird das operationelle
Risiko Ihrer Meinung nach besser durch Risikodiversifikation oder durch Risikoreduktion
bewältigt? ◄

Übungsaufgabe 1.11

Eine Investition zeichnet sich durch eine Renditeverteilung aus, bei welcher den Renditen
in Höhe von $0{,}40$, $0{,}30$, $0{,}15$, $-0{,}05$ und $-0{,}15$ jeweils die Wahrscheinlichkeiten $0{,}10$,
$0{,}20$, $0{,}35$, $0{,}25$ und $0{,}10$ zugeordnet sind. Wie hoch ist die erwartete Rendite und die
Standardabweichung der Rendite dieser Investition? ◄

Übungsaufgabe 1.12

Es gibt eine zweite Investition, deren Rendite die gleiche Wahrscheinlichkeitsverteilung wie in Aufgabe 1.11 hat. Der Korrelationskoeffizient beider Renditen beträgt 0,15. Berechnen Sie den Erwartungswert und die Standardabweichung der Rendite eines Portfolios, bei dem das eingesetzte Kapital gleichmäßig auf beide Investitionen verteilt wird. ◄

Übungsaufgabe 1.13

Gegeben seien die folgenden Tagesrenditen von Allianz und BASF:

Tag	Allianz (A)	BASF (B)
1	0,030	−0,020
2	0,025	−0,010
3	0,020	−0,005
4	0,005	0,010
5	−0,010	0,015
6	−0,015	0,010
7	0,015	0,015
8	0,000	0,020

a) Schätzen Sie die Erwartungswerte (μ_A, μ_B), die Standardabweichungen (σ_A, σ_B) und den Korrelationskoeffizienten (ρ_{AB}) der Renditen. Verwenden Sie zu diesem Zweck die folgenden Schätzer:

$$\hat{\mu}_X = \frac{1}{n} \sum_{i=1}^{n} X_i,$$

$$\hat{\sigma}_X^2 = \frac{1}{n} \sum_{i=1}^{n} \left(X_i - \hat{\mu}_X\right)^2,$$

$$\hat{\sigma}_{XY} = \frac{1}{n} \sum_{i=1}^{n} \left(X_i - \hat{\mu}_X\right)\left(Y_i - \hat{\mu}_Y\right).$$

b) Schätzen Sie den Erwartungswert und die Standardabweichung der Rendite eines Portfolios, welches zu 40 % aus Allianz-Aktien und zu 60 % aus BASF-Aktien besteht.

c) Sie haben nun die Möglichkeit, eine weitere Aktie C (Chevron) mit einer erwarteten Rendite von $\mu_C = 0,003$ und einer Standardabweichung von $\sigma_C = 0,018$ dem Portfolio beizumischen. Die Korrelationskoeffizienten betragen $\rho_{AC} = -0,9$ bzw. $\rho_{BC} = 0,9$.

i) Berechnen Sie für ein Portfolio mit den Portfoliogewichten $w_A = 0,5$, $w_B = 0,3$ und $w_C = 0,2$ den Erwartungswert und die Standardabweichung der Portfoliorendite.

ii) Weshalb macht es Sinn, Aktie C in das Portfolio aufzunehmen, obwohl sie augenscheinlich von A und B hinsichtlich der erwarteten Rendite und der Standardabweichung dominiert wird, d. h. μ-σ-ineffizient ist?

d) Skizzieren Sie die Parameter aller Wertpapiere und Portfolios in einem μ-σ-Koordinatensystem. ◄

Übungsaufgabe 1.14

Definieren Sie die Begriffe „systematisches" und „unsystematisches" Risiko. Welches Risiko ist für einen Investor einzig relevant? ◄

Übungsaufgabe 1.15

Weshalb sollten alle Investoren das gleiche Aktienportfolio wählen? Auf welchen Annahmen basiert Ihre Argumentation? ◄

Übungsaufgabe 1.16

Der risikolose Zinssatz betrage $r = 0,05$. Gegeben seien drei Portfolios P_1, P_2 und P_3 mit den folgenden Parametern:

1. $\mu_1 = 0,06$, $\sigma_1 = 0,10$,
2. $\mu_2 = 0,07$, $\sigma_2 = 0,12$,
3. $\mu_3 = 0,09$, $\sigma_3 = 0,20$.

Bei lediglich einem Portfolio handelt es sich um das Marktportfolio. Von welchem Portfolio ist hier die Rede? ◄

Übungsaufgabe 1.17

Die erwartete Rendite des Marktportfolios betrage $\mu_M = 0,12$ und der risikolose Zinssatz sei $r = 0,06$. Welche erwartete Rendite besitzt eine Investition mit einem Beta von a) $\beta_A = 0,2$, b) $\beta_B = 0,5$ und c) $\beta_C = 1,4$? ◄

Übungsaufgabe 1.18

Gegeben sei ein CAPM-Gleichgewicht mit einem risikolosen Zinssatz von $r = 0{,}06$. Die erwartete Rendite des Marktportfolios betrage $\mu_M = 0{,}08$ und die Varianz sei $\sigma_M^2 = 0{,}04$. Ein Wertpapier habe eine erwartete Rendite von $0{,}10$.

a) Welches Beta hat dieses Wertpapier?
b) Welche Kovarianz mit dem Marktportfolio hat dieses Wertpapier? ◄

Risikomessung 2

2.1 Risikomaße

Im Folgenden fassen wir den Verlust eines Unternehmens als Zufallsvariable L („Loss")
auf. Je größer die Realisation von L, desto größer ist der eingetretene Verlust. Zwischen
Gewinn und Verlust herrscht die folgende einfache Beziehung:

Verlust = – Gewinn

Ein positiver Verlust ist also ein negativer Gewinn und umgekehrt.

© Springer Fachmedien Wiesbaden GmbH, ein Teil von Springer Nature 2021
G. Frahm, *Enterprise Risk Management,*
https://doi.org/10.1007/978-3-658-31284-8_2

Die Zufallsvariable L besitzt eine Verteilungsfunktion F_L, d. h.

$$F_L(x) = P(L \leq x), \quad \forall\, x \in \mathbb{R}.$$

Unter dem Begriff *Verlustverteilung* („Loss Distribution") verstehen wir entweder die Verteilungsfunktion F_L oder die dazugehörige Dichtefunktion f_L mit

$$f_L(x) = F_L'(x), \quad \forall\, x \in \mathbb{R},$$

sofern diese überhaupt existiert, d. h. die Verteilungsfunktion F_L absolut stetig ist. Die konkrete Bedeutung des Begriffs „Verlustverteilung" sollte stets aus dem Kontext hervorgehen.

In Kap. 1 haben wir das Verlustrisiko eines Investors anhand der Varianz bzw. der Standardabweichung der Portfoliorendite gemessen. Die Varianz misst die potenzielle Abweichung einer Zufallsvariablen von ihrem Erwartungswert und unterscheidet dabei nicht zwischen Abweichungen nach oben und Abweichungen nach unten:

$$\mathrm{Var}(X) = \mathrm{E}\left((X - \mathrm{E}(X))^2 \right).$$

Sie ist also ein *Streuungsmaß* und kein *Risikomaß*.

Abb. 2.1 enthält die Dichtefunktion einer normalverteilten sowie die einer lognormalverteilten Zufallsvariablen. Beide Zufallsvariablen besitzen den Erwartungswert 10 und die Varianz 25. Nichtsdestotrotz unterscheiden sich die beiden Dichtefunktionen erheblich voneinander. Die Unterschiede sind in den Flanken besonders augenscheinlich: Die Lognormalverteilung besitzt eine weitaus stärkere rechte Flanke, während die linke Flanke viel schneller gegen null geht als bei der Normalverteilung. Die Dichtefunktion der normalverteilten Zufallsvariablen ist *symmetrisch* um ihren Erwartungswert. Hingegen ist die Dichtefunktion der lognormalverteilten Zufallsvariablen *rechtsschief*. Genauso gut hätten wir natürlich auch eine *linksschiefe* Wahrscheinlichkeitsverteilung zur Verdeutlichung des folgenden generellen Problems heranziehen können:

Abb. 2.1 Dichtefunktionen zweier Zufallsvariablen mit gleichem Erwartungswert und Varianz

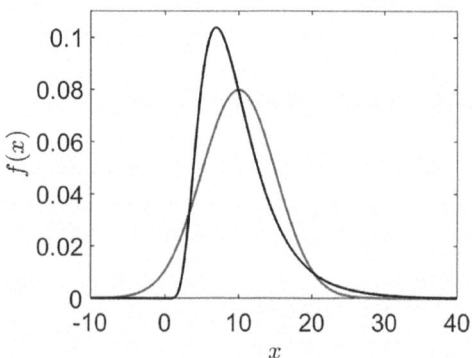

▶ Bei einer asymmetrischen Verlustverteilung ist die Varianz kein geeignetes Risikomaß.

Verlustverteilungen **sind** in aller Regel asymmetrisch.

Übungsaufgabe 2.1

Woraus resultiert in der Praxis die typische Asymmetrie von Verlustverteilungen? ◀

2.1.1 Value-at-Risk

Das bekannteste Risikomaß ist der *Value-at-Risk* (VaR). Sei $0 < p < 1$ eine vorgegebene Wahrscheinlichkeit. Wir bezeichnen p als *Konfidenzniveau*. Der VaR zum Konfidenzniveau p ist das *p-Quantil* der Verlustverteilung, d. h.

$$\text{VaR}_p(L) := F_L^{-1}(p) = \min\left\{x \in \mathbb{R} \colon F_L(x) \geq p\right\}.$$

F_L^{-1} ist somit die *Quantilfunktion* von L.

▶ Der VaR ist also der kleinstmögliche Verlustbetrag, welcher mit einer Wahrscheinlichkeit **größer oder gleich** p nicht überschritten wird.

Wir bezeichnen $\text{VaR}_p(L)$ als „p-VaR" und können diesen auch wie folgt darstellen:

$$\text{VaR}_p(L) = \sup\left\{x \in \mathbb{R} \colon F_L(x) < p\right\}.$$

Beide Darstellungsformen sind äquivalent.

In Abb. 2.2 sehen wir eine stetige und streng monotone Verlustverteilung. Die Verlustverteilung ist stetig, da der Graph der Verteilungsfunktion nirgendwo unterbrochen wird. Sie ist **streng** monoton, da die Verteilungsfunktion die folgende Eigenschaft erfüllt:

$$x < y \implies F_L(x) < F_L(y), \quad \forall\, x, y \in \mathbb{R}.$$

Der p-VaR lässt sich in diesem Fall sehr leicht ermitteln:

1. Zunächst suchen wir das vorgegebene Konfidenzniveau p auf der y-Achse.
2. Anschließend gehen wir so lange waagerecht nach rechts, bis wir die rote Linie erreicht haben.
3. Schließlich schlagen wir die Lotrichtung ein und gehen so lange nach unten, bis wir die x-Achse erreicht haben.

Die sich daraus ergebende Zahl auf der x-Achse ist der gesuchte p-VaR.

Abb. 2.2 Stetige und streng
monotone Verlustverteilung

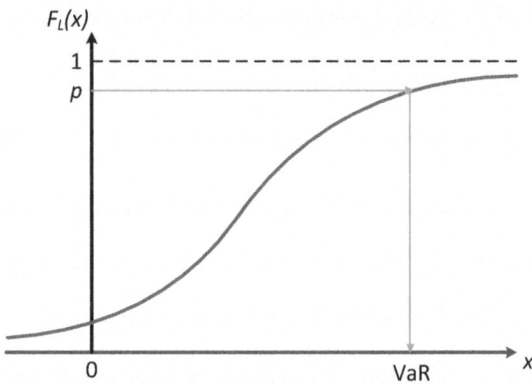

Übungsaufgabe 2.2

Geben Sie den 95 %-VaR eines standardnormalverteilten Verlustes an. ◄

Auf der linken Seite der Abb. 2.3 sehen wir eine nicht stetige Verlustverteilung. In diesem
Fall ist es denkbar, dass wir die rote Linie im zweiten Schritt (d. h., während wir waagerecht
nach rechts gehen) nicht erreichen, da wir geradewegs durch eine Sprungstelle der Verteilungsfunktion laufen. Wir müssen uns dann einfach eine imaginäre „Wand" denken, welche
die gesamte Sprungstelle von oben nach unten durchzieht. Stoßen wir also im zweiten Schritt
gegen diese imaginäre „Wand", so schlagen wir wieder die Lotrichtung ein und stoppen,
sobald wir die x-Achse erreicht haben.

Die rechte Seite der Abb. 2.3 beinhaltet eine nicht streng monotone Verlustverteilung.
In dem hier illustrierten Fall stoßen wir im zweiten Schritt auf eine „Kante". Wir müssen
dann **sofort** die Lotrichtung einschlagen und abermals stoppen, sobald wir die x-Achse
erreicht haben. In jedem Fall resultiert daraus der gesuchte p-VaR. Diese Regeln sind nicht
willkürlich, sondern folgen unmittelbar aus der obigen Definition des VaR.

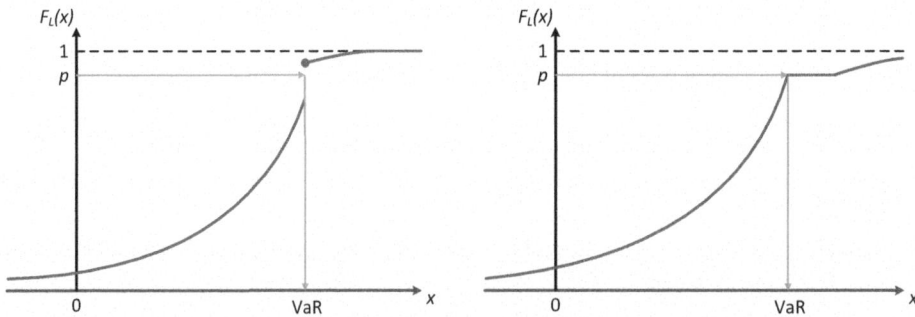

Abb. 2.3 Nicht stetige (links) bzw. nicht streng monotone (rechts) Verlustverteilung

Übungsaufgabe 2.3

Beschreiben Sie Situationen, in denen die Verlustverteilung nicht stetig und nicht streng monoton ist. ◄

▶ Der VaR bezieht sich auf den Verlust am **Ende** eines Geschäftsjahres. Zwischenzeitliche Verluste werden hierbei nicht berücksichtigt.

Damit können trotz eines kleinen VaR gravierende Liquiditätsengpässe entstehen, die möglicherweise zur Insolvenz des Unternehmens führen.

Der VaR hat sich in der Praxis durchgesetzt und gilt gemeinhin als **das** Risikomaß schlechthin. Hinter dem VaR-Konzept steht die einfache Frage: „Wie schlecht können sich die Dinge im Extremfall entwickeln?" Damit ist er selbst für einen Laien (relativ) leicht zu verstehen.

Beispiel 2.1

Angenommen, für den Gewinn P („Profit") eines Unternehmens (in Mio. €) gilt $P \sim \mathcal{N}(2, 10^2)$. Für den **Verlust** $L = -P$ gilt somit $L \sim \mathcal{N}(-2, 10^2)$. Das 99 %-Quantil der Verlustverteilung lässt sich nun mittels *Standardisierung* und *Inversion* wie folgt berechnen:

$$P(L \leq x) = 0{,}99$$
$$P\left(\frac{L - \mu}{\sigma} \leq \frac{x - \mu}{\sigma}\right) = 0{,}99 \quad \text{(Standardisierung)}$$
$$\Phi\left(\frac{x - (-2)}{10}\right) = 0{,}99$$
$$\frac{x + 2}{10} = \Phi^{-1}(0{,}99) = 2{,}3263 \quad \text{(Inversion)}$$
$$x = -2 + 10 \cdot 2{,}3263 = 21{,}2630.$$

Der 99 %-VaR beträgt somit 21,263 Mio. €. ◄

Beispiel 2.2

Der Gewinn eines Unternehmens sei zwischen -50 und 50 (Mio. €) gleichverteilt (vgl. Abb. 2.4). Der Verlust $L = -P$ ist folglich ebenso zwischen -50 und 50 gleichverteilt. Das 99 %-Quantil der Verlustverteilung kann nun wie folgt berechnet werden:

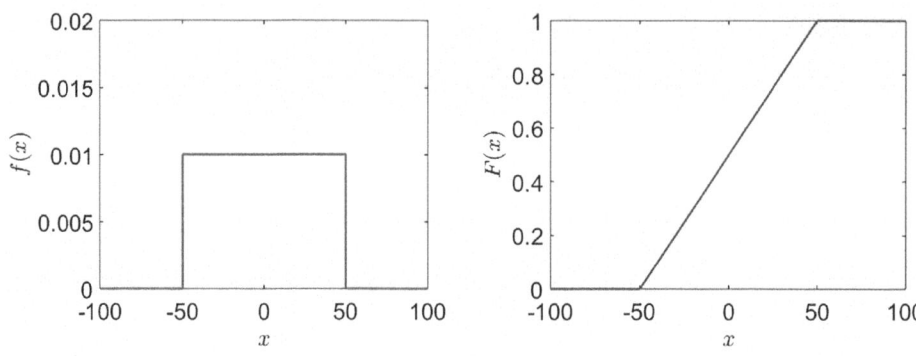

Abb. 2.4 Gleichverteilung

$$P(L \le x) = \frac{x-a}{b-a} = \frac{x-(-50)}{50-(-50)} = 0,99$$
$$x = -50 + 100 \cdot 0,99 = 49.$$

Der 99 %-VaR beträgt also 49 Mio. €. ◄

Übungsaufgabe 2.4

Ein Unternehmen habe

- eine 98 %-ige Chance auf einen Gewinn i. H. v. 2 Mio. €,
- ein Risiko von 1,5 % für einen Verlust i. H. v. 4 Mio. € und
- ein Risiko von 0,5 % für einen Verlust i. H. v. 10 Mio. €.

Die dazugehörige Verlustverteilung befindet sich in Abb. 2.5. Es handelt sich hierbei also um eine nicht stetige Verteilungsfunktion. Geben Sie den 99 %-, 99,5 %- und 99,9 %-VaR an. ◄

2.1.2 Expected Shortfall

Neben dem VaR existiert eine Vielzahl weiterer Risikomaße. Ein Beispiel ist der *Expected Shortfall* (ES):

$$\mathrm{ES}_p(L) := \frac{1}{1-p} \int_p^1 \mathrm{VaR}_y(L)\,dy = \frac{1}{1-p} \int_p^1 F_L^{-1}(y)\,dy.$$

Abb. 2.5 Verlustverteilung

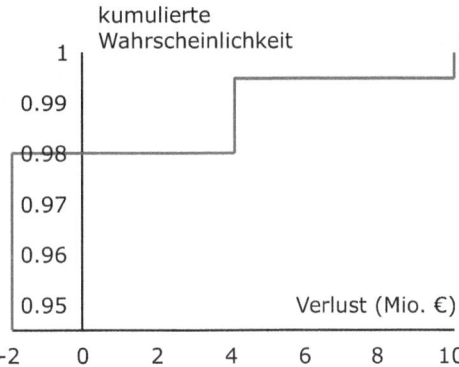

Die linke Seite der Abb. 2.6 veranschaulicht das Integral, welches für die Berechnung eines ES benötigt wird.

Beispiel 2.3

Für das Unternehmen aus der letzten Aufgabe gilt

$$\mathrm{ES}_{0,98}(L) = \frac{0,015 \cdot 4 + 0,005 \cdot 10}{1 - 0,98} = 5,5 \, \text{Mio. €.}$$

◀

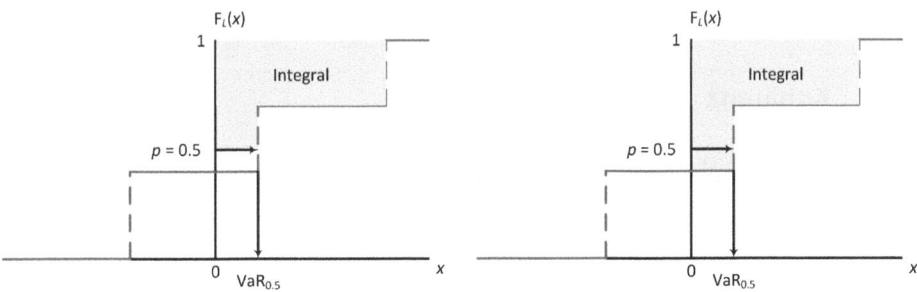

Abb. 2.6 Integral für die Berechnung eines 50 %-ES (links) und einer 50 %-TCE (rechts)

Abb. 2.7 Erwartungswert,
VaR und ES

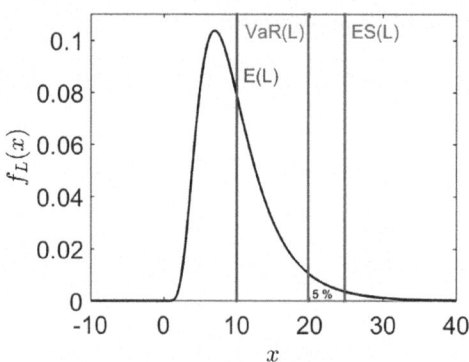

Falls die Verlustverteilung **stetig** ist, gilt

$$\mathrm{ES}_p(L) = \mathrm{TCE}_p(L) := \mathrm{E}(L \mid L \geq \mathrm{VaR}_p),$$

wobei $\mathrm{TCE}_p(L)$ als *Tail Conditional Expectation* (TCE) bezeichnet wird. Mit der TCE misst man also den erwarteten Verlust, unter der Bedingung, dass dieser den VaR nicht unterschreitet („$L \geq \mathrm{VaR}_p$"). Diese Bedingung wird gerade als *Shortfall* bezeichnet. Das Integral zur Berechnung einer TCE wird auf der rechten Seite der Abb. 2.6 dargestellt.

▶   Bei einer nicht stetigen Verlustverteilung stimmen ES und TCE i. d. R. **nicht** überein.

Abb. 2.7 verdeutlicht den Zusammenhang zwischen dem Erwartungswert, dem 95 %-VaR und dem 95 %-ES am Beispiel der Lognormalverteilung mit Erwartungswert 10 und Varianz 25 (vgl. Abb. 2.1).

2.2   Kohärenz

Der Zweck eines Risikomaßes besteht darin, das Eigenkapital zu quantifizieren, welches ein Unternehmen benötigt, damit dessen Verlustrisiko gerade noch akzeptabel ist. Im Folgenden sei ρ ein beliebiges Risikomaß und L der Verlust des Unternehmens.[1]

▶   Der Verlust L ist eine **Zufallsvariable.**

Damit ist $\rho(L)$ also das benötigte Eigenkapital eines Unternehmens mit dem (zufälligen) Verlust L bzw. der Verlustverteilung F_L.

---

[1] Der Buchstabe „ρ" ist das griechische „r". Er soll nicht mit dem Symbol „ρ_{ij}" aus Abschn. 1.2.1 verwechselt werden.

Ein Risikomaß, das den folgenden Axiomen genügt, wird als *kohärent* bezeichnet:

1. Translationsäquivarianz
2. positive Homogenität
3. Monotonie
4. Subadditivität

Es handelt sich hierbei um Mindestanforderungen an ein „vernünftiges" Risikomaß. Natürlich können kohärente Risikomaße darüber hinaus noch weitere Eigenschaften erfüllen.

2.2.1 Translationsäquivarianz

Das Risikomaß ρ ist genau dann *translationsäquivariant*, wenn

$$\rho(L - a) = \rho(L) - a, \quad \forall\, a \in \mathbb{R}.$$

Unter einer *Translation* verstehen wir eine Lageverschiebung. Hier wird die „Lage" von L um den Betrag a nach links verschoben und wir erhalten somit den Verlust $L - a$. Falls also der Verlust um einen festen Betrag sinkt, so soll auch das ausgewiesene *Risiko* um den gleichen Betrag sinken. Diese Eigenschaft wird in der Literatur oft auch (leider etwas missverständlich) als „Translationsinvarianz" bezeichnet. Letzteres würde jedoch bedeuten, dass sich das ausgewiesene Risiko **nicht** verändert, wenn L um einen festen Betrag verschoben wird, wohingegen „Translationsäquivarianz" eben bedeutet, dass es sich um den **gleichen** Betrag verändert.

Beispiel 2.4

Für den Verlust eines Unternehmens gilt $L \sim \mathcal{N}(10, 20)$. Das zur Deckung der möglichen Verluste notwendige Eigenkapital beträgt 30 Mio. €. Es stellt sich nun heraus, dass sich die Controller geirrt haben. In Wirklichkeit gilt $L \sim \mathcal{N}(5, 20)$. Somit benötigt das Unternehmen lediglich 25 Mio. € zur Deckung der potenziellen Verluste. ◄

2.2.2 Positive Homogenität

In der Analysis wird eine Funktion $f : \mathbb{R}^n \to \mathbb{R}$ mit der Eigenschaft

$$f(bx) = b^\gamma f(x), \quad \forall\, b > 0,\, x \in \mathbb{R}^n,$$

als *positiv homogen* vom Grad $\gamma \in \mathbb{R}$ bezeichnet. Im Fall $\gamma \neq 0$ gilt dann insbesondere $f(\mathbf{0}) = 0$, wobei $\mathbf{0}$ der *Nullvektor* in $\mathbb{R}^n$ ist. Wird der Homogenitätsgrad γ nicht erwähnt, so geht man implizit von $\gamma = 1$ aus.

Falls f stetig differenzierbar ist, so gilt die sogenannte *Euler-Relation*

$$\sum_{i=1}^{n} \frac{\partial f(x)}{\partial x_i} \, x_i = \gamma f(x) \,, \qquad \forall \, x \in \mathbb{R}^n.$$

Diese Relation wird sich später als nützlich erweisen.

Das Risikomaß ρ ist nun genau dann „positiv homogen", wenn

$$\rho(bL) = b\rho(L) \,, \qquad \forall \, b > 0.$$

Falls die Investoren also ihren Kapitaleinsatz vervielfachen, so soll das ausgewiesene Risiko um den gleichen Faktor steigen. Außerdem folgt aus der positiven Homogenität die Eigenschaft $\rho(\mathbf{0}) = 0$. Falls der Verlust also gleich null ist, so soll das ausgewiesene Risiko ebenso gleich null sein.

Beispiel 2.5

Ein Investor überlegt, ob er 20 Mio. € in ein Unternehmen investieren soll. Das Risikomaß weist den Betrag von 15 Mio. € aus. Plötzlich findet sich ein weiterer Investor, der ebenso bereit wäre, 20 Mio. € zu investieren. Das ausgewiesene Risiko muss somit 30 Mio. € betragen. Kommt das Unternehmen allerdings nicht zustande, so muss das ausgewiesene Risiko gleich null sein. ◄

2.2.3   Monotonie

Das Risikomaß ρ ist genau dann *monoton*, wenn

$$L_1 \geq L_2 \quad \Longrightarrow \quad \rho(L_1) \geq \rho(L_2),$$

wobei L_1 und L_2 zwei beliebige (zufällige) Verluste sind. Da es sich bei den Verlusten L_1 und L_2 um Zufallsvariablen handelt, verlangen wir hierbei, dass L_1 **fast sicher,** d.h. mit Wahrscheinlichkeit 1 größer oder gleich L_2 ist.

Den Begriff „monoton" kennen wir bereits aus der Analysis. Demnach ist eine Funktion $f : \mathbb{R} \to \mathbb{R}$ genau dann monoton, wenn

$$x \geq y \quad \Longrightarrow \quad f(x) \geq f(y) \,, \qquad \forall \, x, y \in \mathbb{R}.$$

Ist also der Verlust eines Unternehmens (fast sicher) mindestens so groß, wie der Verlust eines anderen Unternehmens, so soll das ausgewiesene Risiko des ersten Unternehmens nicht kleiner sein.

Beispiel 2.6

Die Zukunft weist lediglich fünf Zustände mit positiver Wahrscheinlichkeit auf. Die möglichen Verluste zweier Unternehmen können der folgenden Tabelle entnommen werden:

	Zustand				
Unternehmen	1	2	3	4	5
A	10	25	0	5	30
B	15	25	5	10	40

In diesem Fall darf das ausgewiesene Risiko von Unternehmen A nicht größer als das ausgewiesene Risiko von Unternehmen B sein. ◄

2.2.4 Subadditivität

Das Risikomaß ρ ist genau dann *subadditiv*, wenn

$$\rho(L_1 + L_2) \leq \rho(L_1) + \rho(L_2)$$

für zwei beliebige Verluste L_1 und L_2. Werden also zwei Unternehmen verschmolzen, so darf das ausgewiesene Risiko nach der *Fusion* nicht größer sein als die Summe der beiden Einzelrisiken.

Sei $L = L_1 + L_2$ der Verlust eines Unternehmens, das durch eine Fusion von zwei Unternehmen mit den Verlusten L_1 und L_2 zustande gekommen ist. Die Subadditivität des Risikomaßes garantiert, dass der geforderte Eigenkapitalbetrag $\rho(L)$ für das verschmolzene Unternehmen niemals größer ist als die Summe der geforderten Eigenkapitalbeträge $\rho(L_1)$ und $\rho(L_2)$ der beiden einzelnen Unternehmen vor der Fusion. Hier kommt wieder die Idee der *Diversifikation* zum Tragen.

Angenommen, beide Unternehmen weisen **gleichläufige** *(„komonotone")* Verluste auf. Der Einfachheit halber können wir davon ausgehen, dass der Verlust des einen Unternehmens ein Vielfaches des Verlustes des anderen Unternehmens ist (vgl. die linke Seite der Abb. 2.8). In diesem Fall macht eine Fusion aus der Sicht des Risikomanagements nicht sonderlich viel Sinn. Der geforderte Eigenkapitalbetrag beträgt dann nämlich

$$\rho(L_1 + L_2) = \rho(L_1) + \rho(L_2).$$

Übungsaufgabe 2.5

Geben Sie eine kurze Begründung für die vorherige Aussage. ◄

Macht das eine Unternehmen jedoch genau dann einen geringen Verlust, wenn das andere Unternehmen einen hohen Verlust erleidet (vgl. die rechte Seite der Abb. 2.8), d. h., sind die

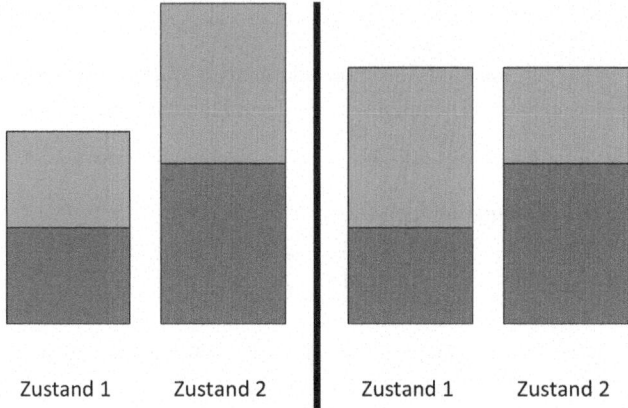

Zustand 1   Zustand 2   Zustand 1   Zustand 2

Abb. 2.8 Gleichläufige (links) vs. gegenläufige (rechts) Verluste

Verluste beider Unternehmen **gegenläufig** *(„kontramonoton")*, so können die Investoren von diesem Diversifikationseffekt profitieren.

▶   Vor der Fusion beider Unternehmen müssen die Investoren i. d. R. mehr Eigenkapital hinterlegen als nach der Fusion.

Beispiel 2.7

Gegeben seien zwei Unternehmen mit den Verlusten L_1 und L_2. Wir nehmen an, dass L_1 und L_2 stochastisch unabhängig sind. Mit Wahrscheinlichkeit 98 % tritt bei beiden Unternehmen ein Verlust von 1 Mio. € ein. Hingegen tritt bei den betrachteten Unternehmen mit Wahrscheinlichkeit 2 % ein Verlust von 10 Mio. € ein.

1. Wie hoch ist der 97,5 %-VaR der einzelnen Unternehmen?
2. Wie hoch ist der 97,5 %-VaR nach einer Fusion beider Unternehmen?
3. Wie hoch ist der 97,5 %-ES der einzelnen Unternehmen?
4. Wie hoch ist der 97,5 %-ES nach einer Fusion beider Unternehmen?

Abb. 2.9 enthält die Verlustverteilung beider Unternehmen vor der Fusion. Um die Verlustverteilung nach der Fusion herzuleiten, stellen wir den *Ereignisbaum* in Abb. 2.10 auf. Ergo:

- Mit einer Wahrscheinlichkeit von $0{,}98^2 = 0{,}9604$ produzieren beide Unternehmen zusammen genommen 2 Mio. € Verlust.

Abb. 2.9 Verlustverteilung vor
der Fusion

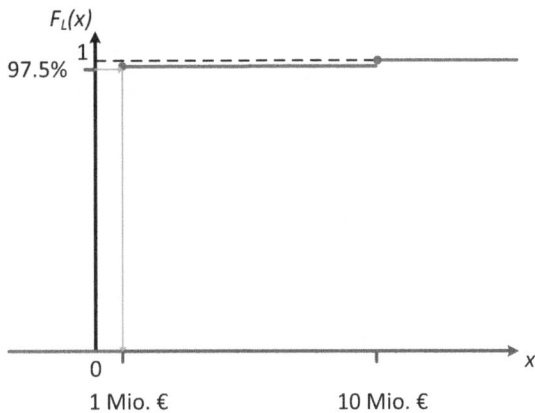

- Die Wahrscheinlichkeit, dass beide Unternehmen einen Gesamtverlust von 11 Mio. €
  erleiden (nämlich 1 + 10 oder 10 + 1 Mio. €) beträgt hingegen $2 \cdot 0{,}98 \cdot 0{,}02 = 0{,}0392$.
- Im schlimmsten Fall ergibt sich ein Gesamtverlust von 20 Mio. €. Die Wahrscheinlichkeit dafür beträgt $0{,}02^2 = 0{,}0004$.

Damit erhalten wir die folgende Verlustverteilung nach der Fusion (in Tabellenform):

x	$f_L(x)$	$F_L(x)$
2	0,9604	0,9604
11	0,0392	0,9996
20	0,0004	1,0000

Abb. 2.10 Ereignisbaum

	1 Mio. €	$(0.98 \cdot 0.98 = 0.9604)$
1 Mio. €	98 %	
98 %	2 %	
	10 Mio. €	$(0.98 \cdot 0.02 = 0.0196)$
	1 Mio. €	$(0.02 \cdot 0.98 = 0.0196)$
2 %	98 %	
10 Mio. €	2 %	
	10 Mio. €	$(0.02 \cdot 0.02 = 0.0004)$

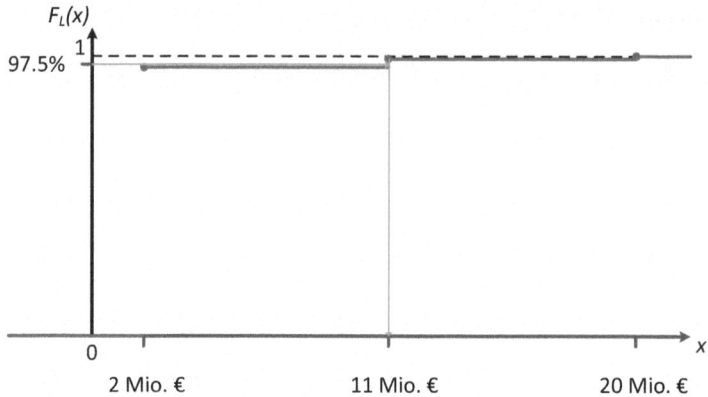

Abb. 2.11 Verlustverteilung nach der Fusion

Diese Verlustverteilung wird in Abb. 2.11 dargestellt. Der 97,5 %-VaR vor der Fusion beträgt 1 Mio. € (vgl. Abb. 2.9). Nach der Fusion erhalten wir für den 97,5 %-VaR einen Betrag i. H. v. 11 Mio. €. Der 97,5 %-ES vor der Fusion lässt sich wie folgt ermitteln:

$$\text{ES}_1 = \text{ES}_2 = \frac{0,98 - 0,975}{1 - 0,975} \cdot 1 + \frac{1 - 0,98}{1 - 0,975} \cdot 10 = 8,2 \,\text{Mio.} \, \text{€}.$$

Der 97,5 %-ES nach der Fusion beider Unternehmen beträgt hingegen

$$\text{ES}_{1+2} = \frac{0,9996 - 0,975}{1 - 0,975} \cdot 11 + \frac{1 - 0,9996}{1 - 0,975} \cdot 20 = 11,144 \,\text{Mio.} \, \text{€}.$$

Unsere Schlussfolgerungen lauten also:

- Vor der Fusion beträgt der VaR für jedes Unternehmen 1 Mio. €. Nach der Fusion erhalten wir einen VaR von 11 Mio. €. Wegen

$$11 > 1 + 1$$

verletzt der VaR das Axiom der Subadditivität!
- Vor der Fusion beträgt der ES für jedes Unternehmen 8,2 Mio. €. Nach der Fusion erhalten wir einen ES von 11,144 Mio. €. Damit gilt

$$11,144 \le 8,2 + 8,2$$

und somit ist der ES (zumindest in diesem Beispiel) mit dem Axiom der Subadditivität vereinbar.[2] ◄

---

[2]Das bedeutet nicht, dass wir damit gezeigt haben, dass der ES subadditiv ist. Ein subadditives Risikomaß muss in **jedem** Beispiel die Eigenschaft der Subadditivität erfüllen!

Tatsächlich ist der ES subadditiv, wohingegen der VaR nicht die Eigenschaft der Subadditivität erfüllt.

▶ Der VaR erfüllt lediglich die ersten drei Axiome der Kohärenz und ist damit inkohärent. Der ES ist tatsächlich kohärent. Die TCE ist jedoch im Allgemeinen **nicht** kohärent.

Eigentlich disqualifiziert dieses Manko den VaR als Risikomaß. Der ES ist also aus theoretischer Sicht dem VaR überlegen. Nichtsdestotrotz hat sich der VaR in der Praxis durchgesetzt. Der VaR wird insbesondere zur Bestimmung der *Basler Eigenkapitalanforderungen* verwendet.

2.3 Risikodekomposition

Ein Unternehmen verfügt über $N \in \mathbb{N}$ Investitionsprojekte oder Geschäftsbereiche. Ob wir im Folgenden von

- Investitionsprojekt (kurz: „Projekt")
- Geschäftsbereich (GB)
- Produktgruppe
- Vertriebskanal
- Profit Center
- Sparte
- etc.

sprechen, macht keinen wesentlichen Unterschied (vgl. Kriele und Wolf 2012, S. 193). Allerdings gehen wir stets davon aus, dass die betrachteten N Projekte **risikobehaftet** sind.

Darüber hinaus kann das Unternehmen das verfügbare Kapital bei Bedarf entweder in Form von Bargeld halten oder auf dem Girokonto lassen. Wir sprechen hierbei von der sogenannten *Kasse* des Unternehmens. Die Kasse stellt somit ein **risikoloses** Projekt dar und wird mit dem Index $i = 0$ symbolisiert. Es existieren also insgesamt $N + 1$ Projekte.

Wir werden den Begriff „Eigenkapital" in Abschn. 3.1.1 vertiefen. Bis dahin können wir uns einfach vorstellen, dass es sich dabei um das Vermögen der an dem Unternehmen beteiligten Anteilseigner handelt. Ferner kann das Unternehmen auch auf Fremdkapital zurückgreifen. Es kann sich dabei z. B. um Kredite oder andere Darlehen handeln.

Wir bezeichnen das Investitionsvolumen des Projektes $i = 0, 1, \ldots, N$ mit $x_i \geq 0$. Das Investitionsvolumen ist gerade jener Kapitalbetrag, den das Unternehmen in das Projekt i investiert. Außer der Kasse birgt jedes Projekt Verlustrisiken. Im Gegenzug verschafft sich das Unternehmen durch eine riskante Investition aber die Möglichkeit, einen Profit zu erwirtschaften. Je größer das Investitionsvolumen x_i, desto größer der potenzielle Gewinn und damit auch der potenzielle Verlust in dem betreffenden GB.

Beispiel 2.8

Die Firma Fine Instruments AG stellt Musikinstrumente her und verfügt über die folgenden fünf Geschäftsbereiche. Die Bilanzsumme i. H. v. 100 (Mio. €) teilt sich wie folgt auf die Geschäftsbereiche auf:

	Kasse	Klaviere	Keyboards	Gitarren	Zubehör	Σ
x_i	5	20	30	15	30	100

◀

Das Unternehmen muss selbstverständlich Zinsen an seine Fremdkapitalgeber entrichten, vorausgesetzt, es greift überhaupt auf Fremdkapital zurück. Sei D_i der Fremdkapitalbetrag („Debt"), der in den GB $i = 0, 1, \ldots, N$ investiert wurde, und r der risikolose Zinssatz. Am Ende des Geschäftsjahres muss das Unternehmen somit den Betrag $D_i r$ an Zinsen zahlen.

Sei nun E_i der Eigenkapitalbetrag („Equity"), den die Eigentümer des Unternehmens in den GB i investiert haben. Die Investoren müssen de facto keine Zinsen auf E_i entrichten. Nichtsdestotrotz hätten sie ja den risikolosen Zins erwirtschaften können, wenn sie sich nicht für eine riskante Investition in das Unternehmen, sondern für eine risikolose Anlage am Geldmarkt entschieden hätten. Somit haben die Eigenkapitalgeber *Opportunitätskosten;* sie müssen also (im finanzwirtschaftlichen Sinne) Zinsen i. H. v. $E_i r$ „an sich selbst" entrichten. Diese Zinsen stellen keinen Aufwand dar. Sie sind vielmehr Bestandteil der *Kosten- und Leistungsrechnung* des Unternehmens und tauchen nicht in der Finanzbuchhaltung auf. Ähnliches gilt auch für eine kalkulatorische Miete bei Nutzung einer eigenen Immobilie oder für ein kalkulatorisches Gehalt, sofern ein Kapitalgeber unentgeltlich als Geschäftsführer im Unternehmen tätig ist. Wir beziehen uns im Folgenden also stets auf die Kosten- und Leistungsrechnung des Unternehmens.

Der Gewinn des Unternehmens in dem GB i beträgt also

$$\underbrace{\overbrace{(E_i + D_i)}^{= x_i} \cdot (1 + R_i)}_{\text{Rückfluss}} - \underbrace{(E_i r + D_i r)}_{\text{Zinsen}} - \underbrace{(E_i + D_i)}_{\text{Kapital}} = \underbrace{x_i (R_i - r)}_{\text{Gewinn}}.$$

Hierbei ist R_i die Rendite („Return") des betrachteten Geschäftsbereichs und $R_i - r$ ist dessen *Überrendite* (vgl. Abschn. 1.2.2). Der Verlust aus dem GB i beträgt somit $-x_i (R_i - r)$.

▶ Für die Berechnung des Verlustes, welcher aus dem betrachteten GB resultieren kann, ist es somit völlig unerheblich, in welcher Weise sich x_i aus Eigen- und Fremdkapital zusammensetzt.

Wir symbolisieren mit

$$L_i := -(R_i - r)$$

den Verlust je €, welcher in den GB $i = 0, 1, 2, \ldots, N$ investiert wird. D.h., der Verlust des Geschäftsbereichs i beträgt gerade $x_i L_i$.

▶ Es gilt stets $R_0 = r$ und somit $L_0 = 0$.

Der Gesamtverlust des Unternehmens beträgt somit

$$L = \sum_{i=1}^{N} x_i L_i,$$

während die Bilanzsumme durch

$$x = \sum_{i=0}^{N} x_i$$

gegeben ist. Es gilt stets

$$x = E + D,$$

wobei $E > 0$ das Eigenkapital und $D \geq 0$ das Fremdkapital des Unternehmens ist.

Beispiel 2.9

Wir betrachten wieder einmal die Fine Instruments AG und gehen davon aus, dass lediglich drei Umweltzustände existieren, welche zu den folgenden Verlusten führen können:

	Kasse	Klaviere	Keyboards	Gitarren	Zubehör	Σ
x_i	5	20	30	15	30	100
1	0	−4	−6	0	−9	−19
2	0	3	−3	3	6	9
3	0	5	6	5	12	28

In den Zuständen 1 und 2 gleichen sich Gewinne und Verluste bis zu einem gewissen Grad aus. Somit profitiert das Unternehmen von einer Streuung des Eigenkapitals auf die einzelnen Geschäftsbereiche. Zustand 3 stellt hingegen ein Worst-Case-Szenario dar, in dem eine Diversifikation des Kapitals keinen wesentlichen Nutzen mehr aufweist. ◀

Mit dem Risikomaß ρ können wir für jeden einzelnen GB als auch für das gesamte Unternehmen das dazugehörige *Risikokapital* messen.

▶ Das Risikokapital ist das Eigenkapital eines Unternehmens, welches zwecks Deckung potenzieller Verluste benötigt wird.

Das Risikokapital des Gesamtunternehmens beträgt

$$\rho(L) = \rho \left(\sum_{i=1}^{N} x_i L_i \right),$$

während das Risikokapital des Geschäftsbereichs $i = 0, 1, \ldots, N$ durch $\rho(x_i L_i)$ gegeben ist.

▶ Wir gehen hier stets davon aus, dass das Risikomaß ρ kohärent ist.

Aufgrund der positiven Homogenität und Subadditivität von ρ erhalten wir also

$$\rho(L) = \rho \left(\sum_{i=1}^{N} x_i L_i \right) \leq \sum_{i=1}^{N} \rho(x_i L_i) = \sum_{i=1}^{N} x_i \rho(L_i).$$

Übungsaufgabe 2.6

Weshalb gilt stets $\rho(x_0 L_0) = 0$? ◀

Das Eigenkapital des Unternehmens sollte nach Möglichkeit nicht kleiner als das Risikokapital sein, d. h., wir erwarten, dass die Ungleichung

$$\rho(L) \leq E$$

erfüllt ist. Genau dann bezeichnen wir das Unternehmen als *tragfähig*. Außerdem bezeichnen wir eine neue Investition genau dann als *zulässig*, wenn das Unternehmen nach der Investition immer noch tragfähig ist.

Beispiel 2.10

Die Fine Instruments AG greift lediglich auf Eigenkapital zurück und es gilt:

	Kasse	Klaviere	Keyboards	Gitarren	Zubehör	Σ
x_i	5	20	30	15	30	100
$\rho(L_i)$	0	1,00	2,00	1,33	0,66	
$x_i \rho(L_i)$	0	20	60	20	20	120

Nichtsdestotrotz gelte aber

$$\rho(L) = 80 \le E = 100,$$

womit das Unternehmen tragfähig wäre. Das Risikokapital des gesamten Unternehmens (80) ist also **kleiner** als die Summe aller Risikokapitalbeträge der einzelnen Geschäftsbereiche (120). Somit trägt das Risikomaß dem Diversifikationseffekt aus dem letzten Beispiel Rechnung. Das Risikokapital eines Geschäftsbereichs darf durchaus das darin investierte Kapital übersteigen. Für sich genommen wäre der betreffende GB also **nicht** tragfähig. Erst durch die Einbettung in das gesamte Gefüge des Unternehmens verwandelt sich der GB in eine zulässige Investition. ◄

2.3.1 Marginal Risk

Gegeben sei eine beliebige *Allokation*

$$A = (x_0, x_1, \ldots, x_N)$$

des vorhandenen Kapitals. Das Risikokapital des Unternehmens wird durch die Kapitalallokation A determiniert. Wir drücken daher dessen Risikokapital wie folgt aus:

$$\rho(A) := \rho(L).$$

D. h., wir fassen das Risikokapital als Funktion von $x_0, x_1, \ldots, x_N$ auf.

Nun möchten wir z. B. wissen, wie sensitiv das Risikokapital gegenüber der Änderung einer einzelnen Position x_i ist. Zu diesem Zweck berechnen wir die *partielle Ableitung* von ρ nach x_i und erhalten den sogenannten

$$\textbf{Marginal Risk} := \frac{\partial \rho(A)}{\partial x_i}.$$

Bei der partiellen Ableitung leiten wir $\rho(A) = \rho(x_0, x_1, \ldots, x_N)$ lediglich nach x_i ab, während wir die Kapitalbeträge $x_0, x_1, \ldots, x_{i-1}, x_{i+1}, \ldots, x_N$ als konstant erachten.

Der Marginal Risk quantifiziert also den **approximativen** Zuwachs des Risikokapitals bei einer Erhöhung von x_i auf $x_i + 1$, während die Investitionsvolumina der anderen Geschäftsbereiche gleich bleiben. Wir untersuchen somit die Auswirkung einer Kapitalerhöhung in einem GB *ceteris paribus* (c. p., „unter sonst gleichbleibenden Umständen"). Der Marginal Risk ist lediglich approximativ, weil der Einfluss von x_i auf $\rho(A)$ i. d. R. nicht linear ist. D. h., wir nehmen einen Approximationsfehler in Kauf. Abb. 2.12 stellt diesen Sachverhalt grafisch dar.

Abb. 2.12 Risikokapital des
Unternehmens in Abhängigkeit
vom Investitionsvolumen x_i
des Geschäftsbereichs i
(Kurve) vs. Marginal Risk
(Steigung der Geraden)

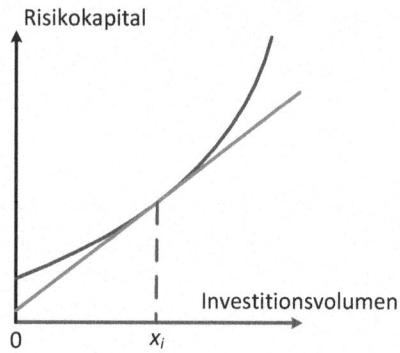

Übungsaufgabe 2.7

Weshalb nimmt der Risikobeitrag eines Geschäftsbereichs mit steigendem Investitionsvolumen i. d. R. überproportional zu? ◄

Beispiel 2.11

Die Marginal Risks der Fine Instruments AG seien wie folgt gegeben:

	Kasse	Klaviere	Keyboards	Gitarren	Zubehör
x_i	5	20	30	15	30
$\frac{\partial \rho(A)}{\partial x_i}$	0	0,5	1	1,33	0,66

Falls das Unternehmen z. B. seinen Kapitaleinsatz im GB „Klaviere" um 10 Mio. €
erhöht, so steigt das Risikokapital c. p. um ca. $10 \cdot 0,5 = 5$ Mio. €. Verzichtet es
stattdessen vollständig auf den GB „Gitarren", so würde das Risikokapital c. p. um ca.
$15 \cdot 1,33 = 20$ Mio. € sinken. ◄

▸ Da der Geldbestand risikolos ist, hat der GB „Kasse" überhaupt keine Auswirkung
auf das Risikokapital eines Unternehmens.

Übungsaufgabe 2.8

Bleibt der Marginal Risk des Geschäftsbereichs i im Allgemeinen konstant, wenn wir x_i
verändern? ◄

2.3.2 Component Risk

Da jedes kohärente Risikomaß ρ positiv homogen (vom Grad $\gamma = 1$) ist, können wir die *Euler-Relation* (vgl. Abschn. 2.2.2) anwenden und erhalten damit

$$\rho(A) = \sum_{i=1}^{N} \frac{\partial \rho(A)}{\partial x_i} \, x_i.$$

Das Risikokapital ist also eine gewichtete Summe der Marginal Risks, wobei die Investitionsvolumina in den einzelnen Geschäftsbereichen die Gewichte darstellen. Wir bezeichnen die einzelnen Summanden als

$$\textbf{Component Risk} := \frac{\partial \rho(A)}{\partial x_i} \, x_i.$$

▶   Aufgrund von $L_0 = 0$ gilt stets
$$\frac{\partial \rho(A)}{\partial x_0} = 0.$$

Mit den Component Risks lässt sich das Gesamtrisiko des Unternehmens bequem in seine Einzelteile zerlegen:

Risikokapital = Summe aller Component Risks.

Wir sprechen dabei von einer sogenannten *Risikodekomposition*. Der Component Risk ist also nichts anderes als der Risikobeitrag eines einzelnen Projekts bzw. eines einzelnen Geschäftsbereichs zum Gesamtrisiko des Unternehmens. Abb. 2.13 stellt den Component Risk grafisch in Form eines Pfeils dar.

Abb. 2.13 Component Risk (Pfeil)

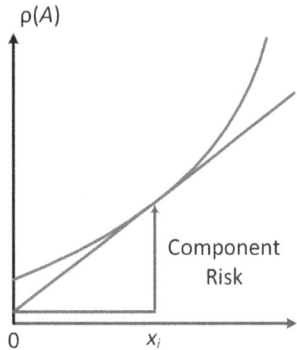

Beispiel 2.12

Für die Fine Instruments AG gilt:

	Kasse	Klaviere	Keyboards	Gitarren	Zubehör	Σ
x_i	5	20	30	15	30	100
$\frac{\partial\rho(A)}{\partial x_i}$	0	0,5	1	1,33	0,66	
$x_i\frac{\partial\rho(A)}{\partial x_i}$	0	10	30	20	20	80

Die gewichtete Summe aller Marginal Risks entspricht somit dem Risikokapital $\rho(A) = 80$. Dieser Zusammenhang ist **exakt** und gilt somit nicht nur approximativ. ◄

Übungsaufgabe 2.9

Steigt das Risikokapital des Unternehmens im Allgemeinen proportional mit x_i? ◄

2.3.3 Incremental Risk

Ein Manager will typischerweise wissen, welchen Einfluss ein **neues** Projekt auf das Risikokapital des gesamten Unternehmens haben würde. Sei

$$A_{\text{alt}} := (x_0, x_1, \ldots, x_N, 0)$$

die aktuell bestehende Allokation des Unternehmens und

$$A_{\text{neu}} := (x_0, x_1, \ldots, x_N, x_{N+1}), \qquad x_{N+1} > 0,$$

die Allokation, nachdem die neue Investition getätigt wurde. Der Manager interessiert sich somit für den

Incremental Risk $:= \rho(A_{\text{neu}}) - \rho(A_{\text{alt}})$.

Abb. 2.14 stellt den Incremental Risk grafisch dar.

Der Incremental Risk beträgt

$$
\begin{aligned}
\rho(A_{\text{neu}}) - \rho(A_{\text{alt}}) &= \sum_{i=1}^{N+1} \frac{\partial\rho(A_{\text{neu}})}{\partial x_i} x_i - \sum_{i=1}^{N} \frac{\partial\rho(A_{\text{alt}})}{\partial x_i} x_i \\
&= \sum_{i=1}^{N} \left(\frac{\partial\rho(A_{\text{neu}})}{\partial x_i} - \frac{\partial\rho(A_{\text{alt}})}{\partial x_i} \right) x_i + \frac{\partial\rho(A_{\text{neu}})}{\partial x_{N+1}} x_{N+1}.
\end{aligned}
$$

Falls das Investitionsvolumen x_{N+1} im Vergleich zur bestehenden Bilanzsumme des Unternehmens verschwindend klein ist, unterscheiden sich die Marginal Risks der alten Geschäftsbereiche an der Stelle A_{neu} nicht wesentlich von denen an der Stelle A_{alt}. Wir können in

Abb. 2.14 Incremental Risk
(Pfeil)

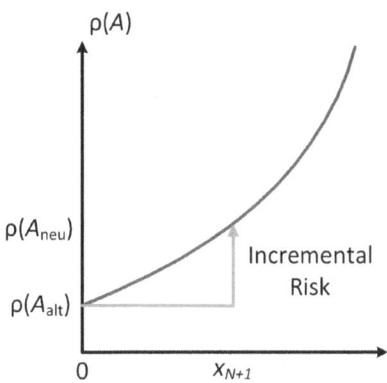

diesem Fall der Einfachheit halber von

$$\frac{\partial \rho(A_\text{neu})}{\partial x_i} = \frac{\partial \rho(A_\text{alt})}{\partial x_i}, \quad i = 1, 2, \ldots, N,$$

ausgehen und erhalten somit

$$\rho(A_\text{neu}) - \rho(A_\text{alt}) = \frac{\partial \rho(A_\text{neu})}{\partial x_{N+1}} x_{N+1}.$$

Ergo: Der Incremental Risk entspricht (annähernd) dem Component Risk des neuen Projekts, vorausgesetzt, das neue Projekt macht lediglich einen verschwindend kleinen Teil des gesamten Unternehmens aus. Diese Voraussetzung ist typischerweise bei einem **Großunternehmen** erfüllt.

Beispiel 2.13

Die Fine Instruments AG plant, 2 Mio. € in den neuen GB „Software" zu investieren. Der Risikomanager schätzt den dazugehörigen Marginal Risk auf 1,5. Somit beträgt der Incremental Risk $1,5 \cdot 2 = 3$ Mio. €. Würde das Unternehmen jedoch 20 Mio. € in den neuen GB investieren, wäre das Investitionsvolumen nicht mehr verschwindend klein und die Approximation anhand des Component Risks vermutlich zu ungenau. ◀

Übungsaufgabe 2.10

Angenommen, ein Großunternehmen ist gerade so tragfähig. Wie hoch darf der Marginal Risk eines neuen Projekts höchstens sein, vorausgesetzt, es wird ausschließlich durch Eigenkapital finanziert? ◄

2.4   Zusammenfassung

Ein Risikomaß soll das Eigenkapital quantifizieren, welches benötigt wird, damit die aus dem Unternehmen möglicherweise resultierenden Verluste abgedeckt sind oder zumindest als akzeptabel empfunden werden. Die Varianz ist kein geeignetes Risikomaß, denn Verlustverteilungen sind typischerweise asymmetrisch. Ein Risikomaß sollte translationsäquivariant, positiv homogen, monoton und subadditiv sein. Die Translationsäquivarianz garantiert, dass sich eine Lageverschiebung des Verlustes in gleicher Höhe auf das Risikomaß überträgt. Positive Homogenität besagt, dass sich das ausgewiesene Risiko bei einer Vervielfachung des Verlustes um denselben Faktor verändert. Monotonie beinhaltet, dass das benötigte Eigenkapital eines Unternehmens, dessen mögliche Verluste niemals höher sind als die eines anderen Unternehmens, nicht größer sein kann als das benötigte Eigenkapital des anderen Unternehmens. Schließlich gewährleistet das Axiom der Subadditivität, dass das Risikomaß Diversifikationseffekte berücksichtigt. Demnach kann das benötigte Eigenkapital nach einer Fusion zweier Unternehmen nicht größer sein als vor der Fusion. Genügt das Risikomaß diesen vier Anforderungen, so wird es als kohärent bezeichnet. Der VaR ist nicht subadditiv und daher im Gegensatz zum ES nicht kohärent. Das Risikokapital eines Unternehmens kann in seine Bestandteile zerlegt werden, vorausgesetzt, wir arbeiten mit einem kohärenten Risikomaß. Der Marginal Risk gibt an, um wie viel das Risikokapital approximativ steigen würde, wenn wir das Investitionsvolumen eines Geschäftsbereichs um 1 € erhöhen. Der Component Risk quantifiziert hingegen den Risikobeitrag eines Geschäftsbereichs zum bestehenden Gesamtrisiko des Unternehmens. Schließlich misst der Incremental Risk die durch eine neue Investition verursachte Erhöhung des Risikokapitals. Ist das entsprechende Investitionsvolumen verschwindend klein, so dürfen wir den Incremental Risk durch den Component Risk des neuen Projekts approximieren. Diese Voraussetzung ist typischerweise bei einem **Großunternehmen** erfüllt.

2.5   Übungsaufgaben

Übungsaufgabe 2.11

Worin besteht der Unterschied zwischen dem ES und dem VaR? In welcher Hinsicht ist der ES dem VaR überlegen? ◄

Übungsaufgabe 2.12

Ein Fondsmanager gibt an, dass der 95 %-VaR 6 % des im Fonds verwalteten Vermögens beträgt. Sie sind mit 100.000 € am Fondsvermögen beteiligt.

a) Wie interpretieren Sie diese Angaben hinsichtlich Ihres potenziellen Verlustes?
b) Inwiefern ändert sich Ihre Interpretation, wenn Sie erfahren, dass der 95 %-ES. 10 % beträgt? Gehen Sie der Einfachheit halber davon aus, dass die Verlustverteilung stetig ist.

◄

Übungsaufgabe 2.13

Zwei Unternehmen führen jeweils mit Wahrscheinlichkeit 99,1 % zu einem Verlust i. H. v. 1 Mio. € und mit Wahrscheinlichkeit 0,9 % zu einem Verlust i. H. v. 10 Mio. €. Die Verluste der beiden Unternehmen sind stochastisch unabhängig.

a) Wie hoch ist der 99 %-VaR der einzelnen Unternehmen?
b) Wie hoch ist der 99 %-ES der einzelnen Unternehmen?
c) Berechnen Sie die Risikomaße aus a) und b) nach einer Fusion beider Unternehmen.
d) Zeigen Sie, dass der VaR nicht subadditiv ist.

◄

Übungsaufgabe 2.14

Betrachten Sie ein aus zwei risikobehafteten Investitionsprojekten bestehendes Unternehmen. Die Verluste der beiden Projekte werden mit L_1 und L_2 bezeichnet und der Gesamtverlust des Unternehmens ist $L = L_1 + L_2$. Die Verluste der beiden Projekte seien gemeinsam normalverteilt mit $E(L_1) = E(L_2) = 0$. Es sei außerdem bekannt, dass $\text{Std}(L_1) = 20$, $\text{Std}(L_2) = 30$ und $\text{Corr}(L_1, L_2) = 0{,}5$ gilt.

a) Berechnen Sie die Standardabweichung von L.
b) Ermitteln Sie $\text{VaR}_{0,95}(L)$.

◄

Übungsaufgabe 2.15

Ein Filmproduzent verfügt über fünf Geschäftsbereiche mit den folgenden Kapitalbeträgen (in Mio. €) und Marginal Risks:

	Kasse	Unterhaltung	Drama	Thriller	Arthouse
x_i	5	50	30	10	5
$\frac{\partial \rho(A)}{\partial x_i}$	0	0,5	1,5	1	4

Wir nehmen an, dass der Filmproduzent kein Fremdkapital benötigt.

a) Ist das betrachtete Unternehmen tragfähig?
b) Der Filmproduzent möchte 2 Mio. € in einen neuen GB „Horror" investieren. Der
   Risikomanager schätzt, dass der Marginal Risk $\partial \rho(A)/\partial x_5 = 2$ beträgt. Wäre das
   Unternehmen nach der Investition noch tragfähig?

◀

Übungsaufgabe 2.16

Sie besitzen ein Portfolio bestehend aus $x_1 = 3$ Adidas-Aktien und $x_2 = 2$ BMW-Aktien.
Ferner wissen Sie, dass

$$\sum_{i=1}^{2} \frac{\partial \text{VaR}(A)}{\partial x_i} = 0,7$$

und $\text{VaR}(A) = 1,9$ gilt.

a) Ermitteln Sie die Marginal VaRs der beiden Aktienpositionen.
b) Stellen Sie den VaR als gewichtete Summe der Component VaRs dar.

◀

Risikokapital 3

3.1 Kapitalbegriffe

Das Risikomaß quantifiziert den Betrag, welchen die Eigenkapitalgeber aufbringen müssen, um die potenziellen Verluste des Unternehmens zu decken. Wir bezeichnen diesen Betrag als *Risikokapital*. Das Eigenkapital des Unternehmens sollte das Risikokapital also nicht unterschreiten. Sprich: Das Unternehmen sollte *tragfähig* sein.

▸ Das *risikotragende Kapital* ist das Eigenkapital eines Unternehmens, welches zur Vermeidung einer Insolvenz verfügbar ist.

© Springer Fachmedien Wiesbaden GmbH, ein Teil von Springer Nature 2021
G. Frahm, *Enterprise Risk Management,*
https://doi.org/10.1007/978-3-658-31284-8_3

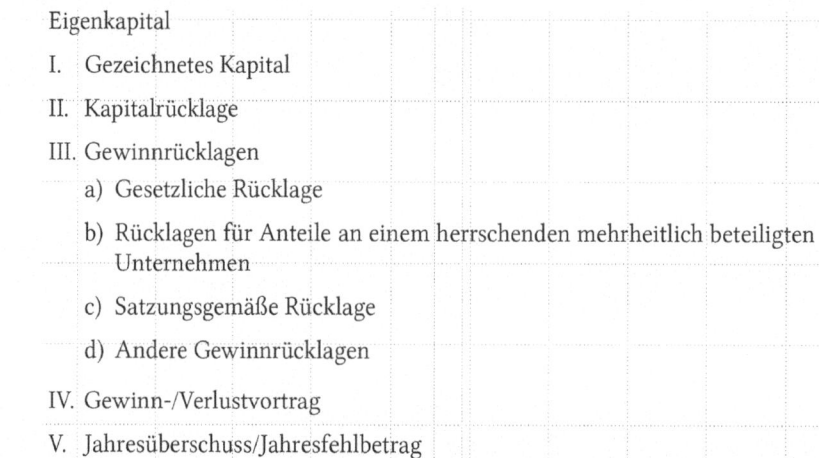

Eigenkapital

I. Gezeichnetes Kapital

II. Kapitalrücklage

III. Gewinnrücklagen

   a) Gesetzliche Rücklage

   b) Rücklagen für Anteile an einem herrschenden mehrheitlich beteiligten Unternehmen

   c) Satzungsgemäße Rücklage

   d) Andere Gewinnrücklagen

IV. Gewinn-/Verlustvortrag

V. Jahresüberschuss/Jahresfehlbetrag

Abb. 3.1 Eigenkapital einer AG vor Ergebnisverwendung

Das risikotragende Kapital sollte *fungibel* sein, d. h., das Unternehmen sollte in der Lage sein, die betreffenden Vermögensgegenstände zu veräußern. Idealerweise sollten die Vermögensgegenstände nicht nur fungibel, sondern auch *liquide* sein, um eine Zahlungsunfähigkeit zu vermeiden. Das bedeutet, das Unternehmen sollte das Vermögen **rechtzeitig** liquidieren können, ohne dabei allzu große Einbußen zu erleiden.

Übungsaufgabe 3.1

Welche Vermögensgegenstände sind fungibel und welche sind nicht fungibel?[1] Unterscheiden Sie beim fungiblen Vermögen zwischen liquiden und illiquiden Gegenständen.
◄

Im Folgenden widmen wir uns einigen gängigen Kapitalbegriffen.

3.1.1 Eigenkapital

Wir haben das (bilanzielle) Eigenkapital (welches auch als Buchkapital bezeichnet wird) bereits kurz in Abschn. 1.1.1 erörtert und möchten es an dieser Stelle etwas näher beleuchten. Abb. 3.1 enthält eine Übersicht des Eigenkapitals einer deutschen AG am Ende des Geschäftsjahres:

---

[1]Denken Sie dabei nicht nur an bilanzierbares Vermögen.

I. Bei dem gezeichneten Kapital handelt es sich um das *Grundkapital* der AG. In diesem Posten wird der Nennwert aller emittierten Aktien erfasst. Das Grundkapital wird zunächst bei der Unternehmensgründung und gegebenenfalls später, im Zuge von Kapitalerhöhungen, durch die Aktionäre eingezahlt. In Deutschland muss eine AG mindestens 50.000 € an Grundkapital aufbringen.[2]

II. Die Kapitalrücklage entsteht bei der Emission von Aktien, wenn der Emissionspreis der Aktie den Nennwert übersteigt, oder durch andere Zuzahlungen der Gesellschafter.

III. Gewinnrücklagen entstehen durch einbehaltene Jahresüberschüsse.

IV. G&V-Vorträge entstehen, wenn die Gesellschafter beschließen, einen Teil des Gewinns bzw. des Verlustes erst im darauffolgenden Jahr zu verbuchen. Ein Gewinnvortrag führt also dazu, dass das neue Geschäftsjahr bereits mit einem Gewinn beginnt, während das neue Geschäftsjahr bei einem Verlustvortrag mit einem Verlust anfängt.

V. Der Jahresüberschuss bzw. der Jahresfehlbetrag beinhaltet schließlich den Gewinn oder Verlust der Gesellschaft am Ende des betrachteten Geschäftsjahres.

Erst der letzte Posten („Jahresüberschuss/Jahresfehlbetrag") verleiht dem Eigenkapital den Charakter einer Residualgröße.

Unabhängig davon, ob es sich bei dem betrachteten Unternehmen um eine Personengesellschaft oder um eine Kapitalgesellschaft handelt, stellt das Eigenkapital gerade jenen Betrag auf der Passivseite der Bilanz dar, der den *Eigentümern* des Unternehmens zusteht. Die Eigentümer des Unternehmens sind i. d. R. am Gewinn beteiligt und somit von einem möglichen Verlust unmittelbar betroffen. Im Gegenzug profitieren die Eigentümer jedoch in theoretisch unbegrenzter Höhe vom Gewinn des Unternehmens.

▶   Wir setzen das risikotragende Kapital eines Unternehmens mit dem Eigenkapital gleich.

Wir gehen also im Folgenden implizit davon aus, dass das Eigenkapital des Unternehmens fungibel und liquide ist.

3.1.2 Fremdkapital

So wie das Eigenkapital haben wir auch das Fremdkapital bereits in Abschn. 1.1.1 kennengelernt. Es setzt sich prinzipiell aus verschiedenen Darlehen zusammen (vgl. Abb. 3.2):

- **Langfristige Darlehen:** Hierbei handelt es sich um mittel- und langfristige Bankenkredite, Hypothekendarlehen und Schuldverschreibungen. Bei einem mittelfristigen Darlehen beträgt die Laufzeit ein Jahr bis fünf Jahre, während wir bei einer Laufzeit von mehr

---

[2]Das Grundkapital muss nicht zwangsläufig bei der Emission vollständig eingezahlt werden. Ausstehende Kapitalbeträge sind jedoch zu bilanzieren.

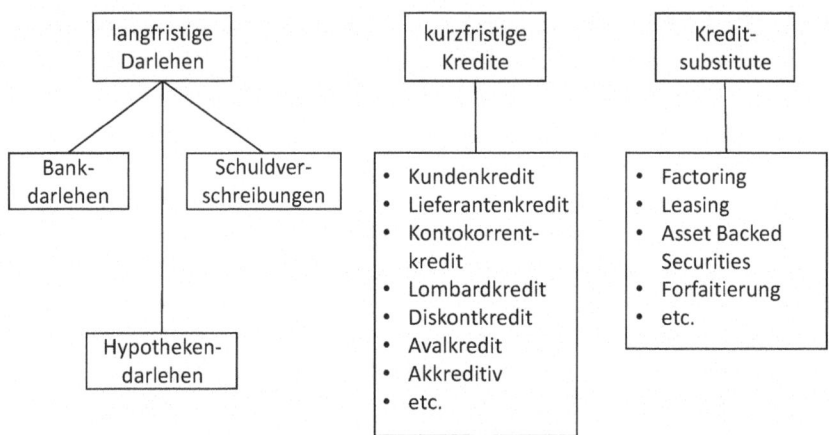

Abb. 3.2 Fremdkapitalarten

als fünf Jahren von einem langfristigen Darlehen sprechen. Das Unternehmen verwendet Bankenkredite üblicherweise zur Finanzierung von Anlage- und Umlaufvermögen, während es Hypothekendarlehen zur Finanzierung von Gebäuden und Grundstücken einsetzt. Bei den Schuldverschreibungen handelt es sich um Anleihen, die das Unternehmen ausgibt („emittiert") und die i. d. R. an der Börse gehandelt werden können.

- **Kurzfristige Kredite:** Es existiert eine Vielzahl kurzfristiger Kredite, und die Kreditvergabe spielt sich dabei oft gar nicht auf dem Kapitalmarkt ab. Vielmehr kann sich das Unternehmen das benötigte Kapital kurzfristig, d. h. mit einer Laufzeit von unter einem Jahr, von seinen Kunden oder Lieferanten ausleihen. D. h., die Kreditvergabe erfolgt auf dem Absatz- und Beschaffungsmarkt (Kunden- bzw. Lieferantenkredit). Sofern eine Bank beteiligt ist, haben wir es mit einem Kontokorrent-, Lombard-, Diskont-, Avalkredit oder einem Akkreditiv zu tun.
- **Kreditsubstitute:** Hierbei handelt es sich nicht um Kredite im herkömmlichen Sinn. Beim Factoring verkauft ein Unternehmen bestehende Forderungen an ein Kreditinstitut („Factoring-Gesellschaft"), während das Leasing eine Form der Vermietung von Anlagevermögen darstellt, welches typischerweise mit einem Vorkaufsrecht einhergeht. Asset Backed Securities sind forderungsbesicherte Wertpapiere, welche am Kapitalmarkt gehandelt werden können. Die sogenannte Forfaitierung wird hauptsächlich im Außenhandel, d. h. im Import- und Exportgeschäft eingesetzt.

Das Fremdkapital ist jener Betrag auf der Passivseite der Bilanz, welcher den *Gläubigern* des Unternehmens zusteht. Die Gläubiger sind i. d. R. nicht am Gewinn beteiligt. Vielmehr erfolgt eine im Voraus vereinbarte Rückzahlung des Darlehens und sie profitieren von den Zinsen (und Zinseszinsen). Daher sind die Gläubiger **nicht** am Erfolg des Unternehmens beteiligt und von einem möglichen Verlust lediglich mittelbar betroffen. Sie tragen nämlich das Risiko eines *Zahlungsausfalls,* welches umso größer ist, je mehr Verluste das betreffende Unternehmen erleidet.

3.1.3 Regulatorisches Kapital

Die *Finanzaufsicht* setzt ganz eigene Maßstäbe an das Eigenkapital von Banken und Versicherungen. Bei dem *regulatorischen Kapital* handelt es sich um das Eigenkapital, das eine Bank oder eine Versicherung aufbringen muss, um ihr Geschäft betreiben zu dürfen. Im Zusammenhang mit Versicherungsunternehmen sprechen wir dabei auch vom sogenannten *Solvenzkapital* (vgl. Kriele und Wolf 2012, S. 113 f). Das Solvenzkapital dient primär zum Schutz der Versicherten, denn wenn eine Versicherung insolvent ist, kann sie keine Schäden mehr begleichen, womit die Versicherungsnehmer ihre Beiträge womöglich umsonst geleistet hätten.

Das regulatorische Kapital einer Bank dient nicht nur zum Schutz ihrer Kunden. Wie bereits im Abschn. 1.1.2 erwähnt, nehmen Banken eine ganz besondere Rolle in unserer Volkswirtschaft ein. Vor allem Großbanken bergen ein *systemisches Risiko*. Die Insolvenz einer Großbank kann aufgrund zahlreicher monetärer Verflechtungen durchaus zum Zusammenbruch eines ganzen Systems führen. Der *Basler Ausschuss für Bankenaufsicht* traf daher 1988 eine Eigenkapitalvereinbarung, welche als *Basler Akkord* oder (aus heutiger Sicht) als „Basel I" bezeichnet wird. Der Basler Ausschuss hat seinen Sitz in der *Bank für Internationalen Zahlungsausgleich* (BIZ). Mitglieder des Basler Ausschusses sind die zehn führenden Industrienationen (G–10), aber auch viele andere Länder. Auf diese Weise soll eine weltweite Kooperation zum Zwecke der Bankenaufsicht gefördert werden.

Wir definieren die *Eigenkapitalquote* eines Unternehmens wie folgt:

$$\text{Eigenkapitalquote} := \frac{\text{Eigenkapital}}{\text{Bilanzsumme}}.$$

Nach Basel I sollen hierbei auch „Off-Balance-Sheet"-Werte sowie Kreditsubstitute jeglicher Art in die Bilanzsumme einfließen.

▶ Je kleiner die Eigenkapitalquote einer Bank, desto größer ist deren Insolvenzwahrscheinlichkeit.

Darüber hinaus verwendet Basel I die sogenannte *Cooke Ratio*, welche wir wie folgt definieren:

$$\text{Cooke Ratio} := \frac{\text{Eigenkapital}}{\text{Summe aller risikogewichteten Aktiva}}.$$

Tab. 3.1 Risikogewichte nach Basel I

Risikogewicht (in %)	Vermögensgegenstand
0	Bargeld, Goldbarren, staatliche OECD-Schuldverschreibungen, besicherte Hypotheken für Wohnraum
20	Ansprüche gegenüber OECD-Banken und öffentlichen OECD-Einrichtungen
50	Unbesicherte Hypotheken für Wohnraum
100	Alle anderen Aktiva, d. h. Grundbesitz, Geschäftsräume, Ausstattung, Unternehmensanleihen etc.

Zur Berechnung der risikogewichteten Aktiva wird jede Forderung mit einem *Risikogewicht* versehen. Sie können die Risikogewichte nach Basel I der Tab. 3.1 entnehmen. Basel I fordert, dass die folgenden beiden Kriterien erfüllt sind:

1. Die Eigenkapitalquote einer Bank muss mindestens 5 % betragen.
2. Die Cooke Ratio muss mindestens 8 % betragen.

Beispiel 3.1

Angenommen, die Forderungen einer Bank bestehen aus

1. Unternehmenskrediten (100 Mio. €),
2. OECD-Staatsanleihen (10 Mio. €) und
3. unbesicherten Hypotheken (50 Mio. €).

Die Bilanzsumme beträgt somit

$$100 + 10 + 50 = 160 \,\text{Mio.} \,€.$$

Das erste Kriterium fordert einen Eigenkapitalbetrag von $0{,}05 \cdot 160 = 8$ Mio. €. Als Summe aller risikogewichteten Aktiva erhalten wir

$$1 \cdot 100 + 0 \cdot 10 + 0{,}5 \cdot 50 = 125 \,\text{Mio.} \,€.$$

Nach dem zweiten Kriterium muss die Bank also mindestens $0{,}08 \cdot 125 = 10$ Mio. € vorhalten. Es gilt immer die strengere Maßgabe. Das regulatorische Kapital der Bank beträgt demnach 10 Mio. €. ◄

Im Laufe der Zeit wurde der Basler Akkord durch eine Vielzahl weiterer Richtlinien erweitert. Inzwischen werden nicht nur Kreditrisiken berücksichtigt, sondern auch Marktrisiken, operationelle Risiken, Liquiditätsrisiken und sogar *Bewertungsrisiken*. Insbesondere Kreditderivate können nämlich im Falle einer Herabstufung durch eine Ratingagentur massiv an Wert verlieren. Dies war eine der Ursachen für die Finanzkrise 2007/2008.

3.1.4 Ratingkapital

Wir haben Ratingagenturen bereits in Abschn. 1.1.1 kennengelernt. Sie messen die Bonität eines Unternehmens, d. h. die Wahrscheinlichkeit, dass das Unternehmen seinen Zahlungsverpflichtungen aus bestehenden Kreditverträgen und Schuldverschreibungen nachkommt. Sobald es jedoch einen Zins oder eine Tilgung schuldig bleibt, sprechen wir von einem *Zahlungsausfall*. Ein Zahlungsausfall führt zu einer Abschreibung beim Gläubiger. Die Wahrscheinlichkeit, dass innerhalb einer bestimmten Periode ein Zahlungsausfall auftritt, bezeichnen wir als *Ausfallwahrscheinlichkeit*.

Ratingagenturen veröffentlichen für jede Ratingklasse eine entsprechende Ausfallwahrscheinlichkeit (vgl. Tab. 3.2). Mit sinkender Eigenkapitalquote eines Unternehmens steigt tendenziell dessen Ausfallwahrscheinlichkeit. Da die Ausfallwahrscheinlichkeit also von der Eigenkapitalquote des Unternehmens abhängt, können wir u. U. von der Ratingklasse auf das von der Ratingagentur implizit geforderte Eigenkapital rückschließen. Daraus resultiert das sogenannte *Ratingkapital*.

Beispiel 3.2

Gegeben sind die folgenden Werte (in %), wobei „AW" für Ausfallwahrscheinlichkeit und „EQ" für Eigenkapitalquote stehen:

Tab. 3.2 Ausfallwahrscheinlichkeiten (in %) von S&P. Quelle: S&P CreditWeek, 15.04.1996

Rating	\multicolumn{8}{c}{Abschreibung nach Jahren des Ursprungsratings}							
	1	2	3	4	5	7	10	15
AAA	0,00	0,00	0,07	0,15	0,24	0,66	1,40	1,40
AA	0,00	0,02	0,12	0,25	0,43	0,89	1,29	1,48
A	0,06	0,16	0,27	0,44	0,67	1,12	2,17	3,00
BBB	0,18	0,44	0,72	1,27	1,78	2,99	4,34	4,70
BB	1,06	3,48	6,12	8,68	10,97	14,46	17,73	19,91
B	5,20	11,00	15,95	19,40	21,88	25,14	29,02	30,65
CCC	19,79	26,92	31,63	35,97	40,15	42,64	45,10	45,10

Rating	AAA	AA	A	BBB	B	B	CCC
AW	0,00	0,00	0,01	0,10	0,50	2,30	10,00
EQ	60	50	30	20	10	5	2

Das Unternehmen möchte eine Ausfallwahrscheinlichkeit i. H. v. 1 % nicht überschreiten und muss damit eine Eigenkapitalquote von mindestens 10 % erreichen. ◄

Allerdings ist dieses Verfahren zur Berechnung des von der Ratingagentur geforderten Eigenkapitals mit einigen Problemen behaftet:

- Die Bonitätsbeurteilung von Ratingagenturen basiert auf dem *Ausfallrisiko* eines Unternehmens und nicht auf dessen Tragfähigkeit.
- Das Rating hängt von vielen Faktoren ab. Somit ist die Beziehung zwischen der Ratingklasse und der Eigenkapitalquote eines Unternehmens nicht eindeutig.
- Ratingagenturen legen nur ungern den Zusammenhang zwischen der Ratingklasse und der dazugehörigen Eigenkapitalquote offen.

Daher ist das Ratingkapital in der Praxis schwer zu berechnen.

Übungsaufgabe 3.2

Aus welchem Grund wollen Ratingagenturen den von ihnen ermittelten Zusammenhang zwischen der Ratingklasse eines Unternehmens und der dazugehörigen Eigenkapitalquote nicht gerne offen legen? ◄

Ratingagenturen haben eine große Marktmacht. Im Wesentlichen teilen drei Ratingagenturen den Markt unter sich auf (Moody's, S&P und Fitch). Banken und andere Finanzdienstleister setzen großes Vertrauen in die Bonitätsbeurteilung der Ratingagenturen. Sobald ein vormals als zahlungsfähig geltendes Unternehmen oder Staat in eine niedrigere Ratingklasse rutscht („Downgrading"), verliert die entsprechende Anleihe bzw. der betreffende Kreditnehmer schnell an Reputation und damit an Marktwert. Dann besteht die Gefahr, dass dieser erst recht in einen Liquiditätsengpass gerät und zahlungsunfähig wird („Selffulfilling Prophecy"). Ratingagenturen können somit vollendete Tatsachen schaffen. Hinzu kommt, dass die Bonitätsbeurteilung von Ratingagenturen intransparent ist und sie u. U. mit der Bewertung komplexer Finanzinstrumente überfordert sind. Z. B. war dies einer der Hauptgründe für die Finanzkrise 2007/2008.

3.1.5 Ökonomisches Kapital

Das *ökonomische Kapital* bildet den Kern dieses Buches. Es wird auch als wirtschaftliches Eigenkapital bezeichnet.

▶   Das ökonomische Kapital ist das Eigenkapital eines Unternehmens, welches zur Vermeidung einer Insolvenz erforderlich ist.

Wir definieren nun wie folgt den Begriff des *Exzesskapitals*:

Exzesskapital = risikotragendes Kapital – ökonomisches Kapital.

Unternehmen versuchen das Exzesskapital möglichst gering zu halten, denn es wird für die Aufrechterhaltung des Betriebs nicht benötigt. Sind also hinreichend viele profitable Investitionsprojekte verfügbar und keine aufsichtsrechtlichen Konsequenzen zu befürchten, tendiert das Exzesskapital in der Praxis üblicherweise gegen null.

▶   Wir verwenden die Begriffe ökonomisches Kapital und Risikokapital synonym, d. h., wir ignorieren das Risiko einer Zahlungsunfähigkeit.

Ferner setzen wir das risikotragende Kapitel eines Unternehmens mit seinem Eigenkapital gleich (siehe Abschn. 3.1.1). Damit gilt also

Exzesskapital = Eigenkapital – Risikokapital.

Ein Unternehmen ist somit genau dann tragfähig, wenn dessen Exzesskapital nicht negativ ist.

Das Exzesskapital ist i. d. R. in den Investitionsprojekten des Unternehmens gebunden. D. h., es steht dem Unternehmen nur in Ausnahmefällen in Form von Geld („Kasse") zur Verfügung.

Übungsaufgabe 3.3

Das Risikokapital eines Unternehmens beträgt 300 Mio. € und das Unternehmen verfügt über kein Exzesskapital. Darf der Manager den gesamten Geldbestand in Aktien investieren, um die Opportunitätskosten des Unternehmens zu reduzieren? ◄

Beispiel 3.3

Ein Unternehmen weist am Anfang des Geschäftsjahres die folgende Bilanz auf:

Aktiva		Passiva	
Sachanlagen	100	Grundkapital	100
Forderungen	50	Rücklagen	80
Kasse	50	G&V-Vortrag	20
Rohstoffe	200	Kredite	100
Vorprodukte	100	Anleihen	200
Σ	500	Σ	500

Der Risikomanager teilt dem Vorstand mit, dass das Risikokapital 150 Mio. € beträgt. Das Exzesskapital beträgt somit 50 Mio. €. Der Vorstand schließt daraus, dass er den vorhandenen Kassenbestand i. H. v. 50 Mio. € in ein riskantes Projekt investieren kann, woraus die folgende Bilanz entstehen würde:

Aktiva		Passiva	
Sachanlagen	130	Grundkapital	100
Forderungen	50	Rücklagen	80
Kasse	0	G&V-Vortrag	20
Rohstoffe	210	Kredite	100
Vorprodukte	110	Anleihen	200
Σ	500	Σ	500

Der Risikomanager kommt zu dem Schluss, dass das Risikokapital aufgrund des neuen Investitionsprojektes von 150 auf 210 Mio. € anwachsen würde. Das Unternehmen verfügt allerdings nur über ein Eigenkapital i. H. v. 200 Mio. €. D. h., die Investition ist nicht zulässig. ◄

Als *Investitionsprogramm* bezeichnen wir die Gesamtheit aller aktuellen und künftigen Investitionsprojekte des Unternehmens. Greift das Unternehmen auch auf Fremdkapital zurück, so sprechen wir allgemeiner von einem *vollständigen Finanzplan*. Jedes Investitionsprogramm beinhaltet eine eigene Verlustverteilung und führt somit i. d. R. zu einem anderen Risikokapital. Im Rahmen des Enterprise Risk Managements ist eine Veränderung des Investitionsprogramms genau dann zulässig, wenn das damit einhergehende Risikokapital das vorhandene Eigenkapital des Unternehmens nicht übersteigt. Bereits ein einfacher *Aktivtausch* kann jedoch dazu führen, dass das Unternehmen im Nachhinein nicht mehr tragfähig ist.

Im letzten Beispiel hätte der Vorstand durch die Investition des vorhandenen Kassenbestandes in ein riskantes Projekt einen unzulässigen Aktivtausch vorgenommen. Diese Zusammenhänge verkomplizieren sich, wenn von der Änderung des Investitionsprogramms

nicht nur die Aktivseite, sondern auch die Passivseite der Bilanz betroffen ist. Das ist üblicherweise dann der Fall, wenn das Unternehmen zwecks Finanzierung der neuen Investitionsprojekte z. B. einen weiteren Kredit aufnimmt. Wir werden diesen Punkt später wieder
aufgreifen. Zunächst wollen wir uns jedoch der Frage widmen, wie wir das Risikokapital
eines Unternehmens überhaupt ermitteln können.

3.2   Ermittlung des Risikokapitals

Zur Ermittlung des Risikokapitals streben wir eine *Risikoaggregation* an. D. h., im Gegensatz
zum klassischen Risikomanagement möchten wir die Risiken eines Unternehmens nicht
isoliert voneinander betrachten, sondern zu einer Gesamtheit zusammenfassen, um auf diese
Weise sowohl *Klumpenrisiken* als auch Diversifikationspotenziale ausfindig zu machen.

Im Folgenden lernen wir die gängigen Methoden zur Ermittlung des Risikokapitals kennen. Allerdings werden nicht alle Verfahren dem besagten Ziel einer Risikoaggregation
gleichermaßen gerecht.

3.2.1   Faktorbasierter Ansatz

Der faktorbasierte Ansatz funktioniert wie folgt:

1. Wir legen ein *Risikogewicht* für jeden einzelnen GB fest. Das Risikogewicht spiegelt das
   benötigte Risikokapital je € Volumen (z. B. Umsatz oder Gewinn) des Geschäftsbereichs
   wider.
2. Anschließend multiplizieren wir die Risikogewichte mit den dazugehörigen Volumina
   der Geschäftsbereiche.
3. Schließlich addieren wir alle Zahlen und erhalten auf diese Weise das gesuchte Risikokapital.

Dieses einfache Prozedere können wir auch etwas formaler darstellen: Das Unternehmen
verfüge über N Geschäftsbereiche. Sei w_i das Risikogewicht und V_i das Volumen (z. B.
gemessen am Umsatz oder Gewinn) des i-ten Geschäftsbereichs ($i = 1, 2, \ldots, N$). Das
Risikokapital beträgt dann gerade

$$\sum_{i=1}^{N} w_i V_i.$$

Übungsaufgabe 3.4

Wie wirkt sich der faktorbasierte Ansatz Ihrer Meinung nach auf das Entscheidungsverhalten der Manager aus? ◄

Zwecks Berechnung des erforderlichen Eigenkapitals für das operationelle Risiko einer Bank existieren unter Basel II drei Ansätze:

1. der Basisindikatoransatz,
2. der Standardansatz und
3. der fortgeschrittene Bemessungsansatz.

Beim Basisindikatoransatz beträgt das geforderte Eigenkapital 15 % des durchschnittlichen Bruttoeinkommens der Bank, gemessen an den letzten drei Jahren. Es handelt sich also um einen faktorbasierten Ansatz in seiner allereinfachsten Form: Die Bank wird hierbei noch nicht einmal in Geschäftsbereiche aufgeteilt. Beim Standardansatz muss die Bank hingegen acht Geschäftsfelder unterscheiden und mit vorgegebenen Risikogewichten belegen. Beim fortgeschrittenen Bemessungsansatz darf die Bank laut Basel II ein eigenes VaR-Modell verwenden. Das geforderte Eigenkapital entspricht dabei dem 99,9 %-VaR.

Beispiel 3.4

Ein Automobilunternehmen verfügt über fünf Geschäftsbereiche. Sie können die dazugehörigen Umsätze sowie Risikogewichte der folgenden Tabelle entnehmen (Umsätze in Mio. €):

GB	Luxus	Sport	SUV	LKW	F&E
Umsatz	200	80	120	350	20
Gewicht	0,05	0,20	0,10	0,50	1,00

Das Risikokapital beträgt somit

$$0,05 \cdot 200 + 0,20 \cdot 80 + 0,10 \cdot 120 + 0,50 \cdot 350 + 1 \cdot 20 = 233 \, \text{Mio. €}.$$

◄

Der große Vorteil des faktorbasierten Ansatzes besteht zweifelsohne darin, dass er besonders einfach darzustellen und umzusetzen ist. Dafür stellt dieser Ansatz jedoch ein sehr ungenaues und recht willkürliches Verfahren zur Bestimmung des Risikokapitals dar.

Inwieweit handelt es sich bei der Ermittlung der Cooke Ratio (siehe Abschn. 3.1.3) um einen faktorbasierten Ansatz? ◄

3.2.2 Szenarioanalyse

Bei der Szenarioanalyse konstruieren wir im Vorfeld eine bestimmte Anzahl einander ausschließender Szenarien und legen die dazugehörigen Eintrittswahrscheinlichkeiten fest, wobei jedes Szenario eine mögliche Konstellation ökonomischer Variablen beinhaltet. Um möglichst belastbare Aussagen bezüglich des Risikokapitals zu treffen, ziehen wir insbesondere auch extreme Szenarien in Betracht. Die Szenarioanalyse wird oft auch als *Stresstest* bezeichnet.

Wir nehmen an, dass der Verlust L eine Funktion von $m \in \mathbb{N}$ *Risikofaktoren* $X_1, X_2, \ldots,$ X_m ist:

$$L = \lambda(X_1, X_2, \ldots, X_m) \tag{3.1}$$

und bezeichnen λ als *Verlustfunktion*. Als Risikofaktoren kommen hierbei beliebige ökonomische Kennzahlen in Frage, z. B.

- Bruttonationaleinkommen (BNE)
- Rohstoffpreise
- Inflationsraten
- Aktienindizes
- Wechselkurse
- Zinssätze
- etc.

In der Praxis hat sich zur Ermittlung der Verlustfunktion λ die *lineare Regression* durchgesetzt. Hierbei fassen wir den Verlust als *affine Funktion* der gegebenen Risikofaktoren nebst eines Störterms auf:[3]

$$L = \beta_0 + \beta_1 X_1 + \beta_2 X_2 + \ldots + \beta_m X_m + \varepsilon,$$

wobei der Störterm ε die Eigenschaft

$$E(\varepsilon) = \text{Cov}(X_1, \varepsilon) = \text{Cov}(X_2, \varepsilon) = \ldots = \text{Cov}(X_m, \varepsilon) = 0$$

besitzt und damit keinen systematischen Einfluss auf den Verlust des Unternehmens hat. Wir können ihn daher einfach ignorieren, d. h., die resultierende Verlustfunktion lautet

$$\lambda(X_1, X_2, \ldots, X_m) = \beta_0 + \beta_1 X_1 + \beta_2 X_2 + \ldots + \beta_m X_m.$$

Bei der linearen Regression schätzen wir die Parameter $\beta_0, \beta_1, \ldots, \beta_m$ anhand empirischer Daten. Zu diesem Zweck betrachten wir vergangene Verluste des Unternehmens, mitsamt der dazugehörigen Realisationen der Risikofaktoren, und werten diese statistisch aus. Die mathematischen Details gehen jedoch über dieses Buch hinaus.[4]

Jede potenzielle zukünftige Konstellation der Risikofaktoren, d. h., jedes *Szenario*

$$x = (x_1, x_2, \ldots, x_m),$$

führt nun zu einem bestimmten fiktiven Verlust. Mit Hilfe des Stresstests wollen wir erkunden,

1. bei welchen Szenarien (den sogenannten *Worst-Case-Szenarien*) die größten Verluste auftreten,
2. welche Auswirkung die Worst-Case-Szenarien auf den Verlust des Unternehmens haben,
3. ob der durch λ dargestellte Zusammenhang zwischen $X_1, X_2, \ldots, X_m$ und L in den Worst-Case-Szenarien überhaupt plausibel ist.

Um λ zu bestimmen, greifen Unternehmen auf interne oder externe Experten zurück, welche über das nötige Erfahrungswissen sowie methodische Know How verfügen. Der durch λ beschriebene Zusammenhang zwischen den Risikofaktoren und dem Verlust sollte ja schließlich plausibel sein. Interne Experten befinden sich z. B. in der volkswirtschaftlichen Abteilung einer Bank oder im Risikocontrolling eines Unternehmens. Zudem bieten Unternehmensberatungen externes Expertenwissen an.

Wir unterscheiden diverse Arten von Szenarien, welche sich jedoch **nicht** gegenseitig ausschließen müssen (vgl. Kriele und Wolf 2012, S. 129):

1. **Historische Szenarien:** Wir entnehmen die Konstellation der Risikofaktoren aus extremen Ereignissen, die bereits in der Vergangenheit aufgetreten sind. Es kann sich dabei z. B. um Wirtschaftskrisen, Naturkatastrophen, politische Umwälzungen etc. handeln.

---

[3]Wir bezeichnen eine reelle Funktion $g(x) = b_0 + b_1 x_1 + b_2 x_2 + \ldots + b_m x_m$ mit $b_0 \neq 0$ als affin. Im Falle $b_0 = 0$ ist sie linear.
[4]Die entsprechenden Methoden werden in jedem Lehrbuch zur Ökonometrie erläutert.

2. **Hypothetische Szenarien:** Wir denken uns extreme Ausprägungen der Risikofaktoren aus, wobei wir vor allem Konstellationen konstruieren, die in der Vergangenheit noch **nicht** aufgetreten sind. Auf diese Weise können wir auch Prognosen hinsichtlich der Entwicklung künftiger ökonomischer Rahmenbedingungen berücksichtigen.

3. **Einzelszenarien:** Wir betrachten die Änderung eines einzelnen Risikofaktors, während wir die anderen Risikofaktoren konstant halten. Dieses Verfahren wird auch als *Sensitivitätsanalyse* bezeichnet.

4. **Multiple Szenarien:** Wir untersuchen den Einfluss einer simultanen Änderung mehrerer Risikofaktoren. Hierbei müssen wir die stochastische Abhängigkeitsstruktur der einzelnen Risikofaktoren in Betracht ziehen, um unplausible Konstellationen möglichst auszuschließen.

5. **Standardszenarien:** Diese Szenarien spielen vor allem im Finanzdienstleistungssektor eine Rolle. Sie werden von der *Finanzaufsicht* vorgegeben, z. B. um die Belastbarkeit des gesamten Bankensystems zu überprüfen, und sollen vor allem **systematische** Risiken abbilden.

6. **Unternehmensindividuelle Szenarien:** Im Gegensatz zu den Standardszenarien kommen hierbei solche Konstellationen in Betracht, die vor allem für das betreffende Unternehmen relevant sind. Auf diese Weise bilden wir **unsystematische** Risiken ab.

Beispiel 3.5

Ein Golduhrenfabrikant möchte seinen 95 %-VaR berechnen und geht davon aus, dass der Gewinn seines Unternehmens vom Goldpreis (X_1) und der generellen Wirtschaftslage (X_2) abhängt. Hinsichtlich seines Verlustes kommt er zu dem folgenden Schluss:

$$L = -50 + 0{,}5 \cdot (X_1 - 1300) - 1 \cdot (X_2 - 3000),$$

wobei die Zahlen 1300 und 3000 den aktuellen Goldpreis (in €/Feinunze) bzw. das jetzige BNE (in Mrd. €/Jahr) darstellen. Er betrachtet nun die folgenden drei Szenarien mit den dazugehörigen Wahrscheinlichkeiten (Verlust in Mio. €):

Risikofaktor	bester Fall	Normalfall	schlechtester Fall
	30 %	50 %	20 %
X_1	1200	1300	1500
X_2	3100	3000	2800
L	-200	-50	250

Abb. 3.3 enthält die dazugehörige Verteilungsfunktion und den resultierenden 95 %-VaR. Dieser beträgt also offenbar 250 Mio. €. ◄

Wir müssen historische Szenarien in der Praxis nicht lange rechtfertigen, da die entsprechenden Konstellationen bereits in der Vergangenheit (mindestens einmal) aufgetreten sind

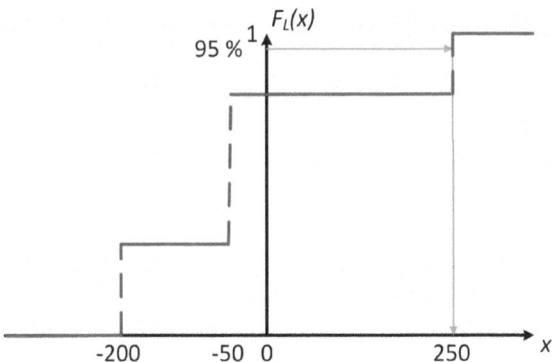

Abb. 3.3 Verlustverteilung des Golduhrenfabrikanten

und damit von Anderen kaum als unrealistisch abgetan werden können. Auch wenn ein historisches Ereignis noch so extrem erscheinen mag, kann die Zukunft entweder noch extremere Ereignisse hervorbringen oder zu Konstellationen führen, mit denen wir heute noch gar nicht rechnen. Nassim Taleb (2015) argumentiert, dass gerade die **unvorhergesehenen** Ereignisse die gravierendsten Auswirkungen auf den Lauf der Dinge haben. Damit zweifelt er generell an der Sinnhaftigkeit von Prognosen – zumindest, was die Prognose extremer Ereignisse auf Basis empirischer Daten anbetrifft. Hypothetische Szenarien bilden einen Kontrapunkt zu den historischen Szenarien. Der Vorteil liegt auf der Hand: Wir sind nicht an historische Ereignisse gebunden und können daher sehr ungewöhnliche und weitaus extremere Ereignisse simulieren. Allerdings ist das auch gleichzeitig der Nachteil hypothetischer Szenarien: Es besteht die Gefahr, dass diese von den Entscheidungsträgern des Unternehmens als unglaubwürdig abgetan werden.

Wir können Einzelszenarien leicht konstruieren und nachvollziehen. Zu diesem Zweck müssen wir ja lediglich vom Status Quo ausgehen und einen beliebigen Risikofaktor variieren, während wir die anderen Risikofaktoren konstant halten. In Wirklichkeit bleiben die anderen Risikofaktoren jedoch **nicht** konstant, wenn sich ein Risikofaktor verändert. Vielmehr hängen Risikofaktoren i. d. R. voneinander ab. Im Rahmen der linearen Regression sprechen wir dabei von einer *Kollinearität* der Risikofaktoren. Aus diesem Grund haben Einzelszenarien lediglich eine begrenzte Aussagekraft. Wir möchten dieses Problem mit den multiplen Szenarien bewältigen. Diese sind jedoch weitaus schwerer zu konstruieren, insbesondere wenn die Anzahl der Risikofaktoren groß ist. Die Kunst besteht eben darin, stochastische Abhängigkeiten zwischen den Risikofaktoren realitätsnah abzubilden. Darauf werden wir später wieder zurückkommen.

Standardszenarien bilden lediglich systematische Risiken ab. Meistens konzentrieren wir uns dabei auf makroökonomische Risikofaktoren, betrachten also solche Risiken, von denen praktisch alle Institutionen betroffen sind. Standardszenarien haben gerade dann ihre

Daseinsberechtigung, wenn es darum geht, gesamtwirtschaftliche Verlustrisiken abzuschätzen. Weist ein Unternehmen jedoch lediglich ein schwaches systematisches Risiko auf, so handelt es sich aus der Sicht einer wertorientierten Unternehmenssteuerung um ein besonders gut geführtes Unternehmen. In diesem Fall besitzen Standardszenarien nur eine geringe Aussagekraft und wir sollten dann auf unternehmensindividuelle Szenarien ausweichen.

Die Europäische Bankenaufsichtsbehörde (EBA) hat 2016 insgesamt 51 Banken im Rahmen eines Stresstests untersucht. Ein Standardszenario beinhaltete eine neue Finanz- und Wirtschaftskrise, aufgrund einer starken Rezession, aber auch durch stark fallende Immobilienpreise. Darüber hinaus hat die EBA dabei auch operationelle Risiken aufgrund eines Fehlverhaltens der Manager in Betracht gezogen. Der Stresstest unterschied lediglich zwei Standardszenarien:

1. Das Baseline-Szenario beschrieb eine normale makroökonomische Entwicklung, während
2. das Adverse-Szenario einen potenziellen Zusammenbruch der makroökonomischen Entwicklung erfasste und somit ein Worst-Case-Szenario darstellte.

Alle betrachteten Banken haben den Stresstest (allerdings teilweise nur knapp) bestanden.

3.2.3 Analytische Verfahren

Bei den analytischen Verfahren gehen wir wieder von Gl. 3.1 aus, unterstellen den Risikofaktoren $X_1, X_2, \ldots, X_m$ jedoch eine bestimmte gemeinsame Wahrscheinlichkeitsverteilung und leiten dann die Verlustverteilung her. Auf diese Weise können wir extreme Schwankungen der Risikofaktoren in Betracht ziehen. Außerdem haben wir somit die Möglichkeit, die stochastische Abhängigkeitsstruktur der Risikofaktoren gezielt zu modellieren und den Einfluss extremer Abhängigkeiten auf das Verlustrisiko zu untersuchen. Im Gegensatz zur Szenarioanalyse erhalten wir damit keine endliche, sondern eine prinzipiell unendliche Anzahl potenzieller Konstellationen der Risikofaktoren mitsamt der dazugehörigen Eintrittswahrscheinlichkeiten.

Das wohl bekannteste analytische Verfahren zur Berechnung des VaR ist die *Delta-Normal-Methode*, auf die wir uns im Rahmen der analytischen Verfahren konzentrieren wollen. Hierbei gehen wir davon aus, dass die Risikofaktoren $X_1, X_2, \ldots, X_m$ einer gemeinsamen Normalverteilung folgen:

$$
\begin{bmatrix} X_1 \\ X_2 \\ \vdots \\ X_m \end{bmatrix} \sim \mathcal{N} \left(\begin{bmatrix} x_1 \\ x_2 \\ \vdots \\ x_m \end{bmatrix}, \begin{bmatrix} \sigma_1^2 & \sigma_{12} & \cdots & \sigma_{1m} \\ \sigma_{21} & \sigma_2^2 & & \vdots \\ \vdots & & \ddots & \vdots \\ \sigma_{m1} & \cdots & \cdots & \sigma_m^2 \end{bmatrix} \right),
$$

wobei $x_1, x_2, \ldots, x_m$ die **aktuellen** Werte der Risikofaktoren sind und damit den Status Quo darstellen. D. h., $\lambda(x_1, x_2, \ldots, x_m)$ ist gerade jener Verlust, welcher sich ergeben würde, falls alle Risikofaktoren konstant blieben.

Als Nächstes leiten wir λ nach jedem Risikofaktor ab:

$$
\Delta_i := \frac{\partial \lambda(x_1, x_2, \ldots, x_m)}{\partial x_i}, \qquad i = 1, 2, \ldots, m.
$$

Wir können den künftigen Verlust nun wie folgt approximieren:

$$
L \approx \lambda(x_1, x_2, \ldots, x_m) + \sum_{i=1}^m \Delta_i \, (X_i - x_i)
$$

$$
= \underbrace{\left(\lambda(x_1, x_2, \ldots, x_m) - \sum_{i=1}^m \Delta_i x_i \right)}_{\text{Achsenabschnitt}} + \sum_{i=1}^m \Delta_i X_i.
$$

Der Verlust ist somit (annähernd) eine affine Funktion der Risikofaktoren, wobei $\lambda(x_1, x_2, \ldots, x_m) - \sum_{i=1}^m \Delta_i x_i$ den Achsenabschnitt und $\Delta_1, \Delta_2, \ldots, \Delta_m$ die Steigungskoeffizienten der Verlustfunktion darstellen. Es handelt sich dabei aber wohlgemerkt um eine **Approximation** des Verlustes. Falls der Zusammenhang zwischen L und $X_1, X_2, \ldots, X_m$ nicht linear ist (und das ist in der Praxis durchaus der Regelfall), ist der Approximationsfehler umso größer, je weiter die künftigen Realisationen der Risikofaktoren von den heutigen Werten entfernt sind. Der Approximationsfehler ist also umso größer, je extremer die potenziellen Realisationen der Risikofaktoren sind.

Aus unseren Formeln zur Wahrscheinlichkeitsrechnung, die wir in Abschn. 1.2.1 kennengelernt haben, folgt nun

$$
\mathrm{E} \left(\sum_{i=1}^m \Delta_i \, (X_i - x_i) \right) = \sum_{i=1}^m \Delta_i \underbrace{\mathrm{E}(X_i - x_i)}_{=x_i - x_i = 0} = 0
$$

sowie

$$
\mathrm{Var} \left(\sum_{i=1}^m \Delta_i \, (X_i - x_i) \right) = \sum_{i=1}^m \sum_{j=1}^m \Delta_i \Delta_j \sigma_{ij}
$$

mit $\sigma_{ii} \equiv \sigma_i^2$ für $i = 1, 2, \ldots, m$. Der approximative Verlust ist eine affine Funktion der Risikofaktoren, d. h., er hat die Form

$$L = b_0 + \sum_{i=1}^{m} b_i X_i.$$

Außerdem besitzen die Risikofaktoren eine **gemeinsame** Normalverteilung. Damit ist L normalverteilt (vgl. S. 10) und es gilt

$$L \sim \mathcal{N}\left(\lambda(x_1, x_2, \ldots, x_m), \sum_{i=1}^{m}\sum_{j=1}^{m} \Delta_i \Delta_j \sigma_{ij}\right).$$

Mittels Standardisierung und Inversion können wir nun wieder den p-VaR herleiten und wir erhalten damit

$$\mathrm{VaR}_p(L) = \lambda(x_1, x_2, \ldots, x_m) + \sqrt{\sum_{i=1}^{m}\sum_{j=1}^{m} \Delta_i \Delta_j \sigma_{ij}}\ \Phi^{-1}(p).$$

Beispiel 3.6

Wir betrachten wieder den Golduhrenfabrikanten aus dem letzten Beispiel. Er geht davon aus, dass der Goldpreis und das BNE gemeinsam normalverteilt sind. Eine empirische Untersuchung führt zu den folgenden Parametern:

$$\sigma_{\mathrm{Gold}} = 200\,, \quad \sigma_{\mathrm{BNE}} = 50\,, \quad \rho_{\mathrm{Gold,BNE}} = -20\,\%.$$

Außerdem glaubt er, dass zwischen dem Verlust und den beiden Risikofaktoren der folgende Zusammenhang besteht:

$$L = -50 + 0{,}5 \cdot (X_1 - 1300) - 1 \cdot (X_2 - 3000).$$

Es gilt also $\lambda(x_1, x_2) = -50$ sowie $\Delta_{\mathrm{Gold}} = 0{,}5$ und $\Delta_{\mathrm{BNE}} = -1$. Die Varianz des Verlustes beträgt somit

$$0{,}5^2 \cdot 200^2 + (-1)^2 \cdot 50^2 + 2 \cdot 0{,}5 \cdot (-1) \cdot 200 \cdot 50 \cdot (-0{,}2) = 14.500$$

und der daraus resultierende 95 %-VaR beträgt

$$\mathrm{VaR}_{0{,}95}(L) = -50 + \sqrt{14.500}\ \underbrace{\Phi^{-1}(0{,}95)}_{=\,1{,}6449} = 148{,}07\,\text{Mio.}\ €.$$

◄

Der Vorteil der Delta-Normal-Methode besteht im Wesentlichen darin, dass wir praktisch jede beliebig komplexe Verlustfunktion λ auf eine Linearkombination der Risikofaktoren zurückführen können. Sie ist daher relativ leicht zu implementieren. Wir müssen im

Prinzip lediglich die Varianzen und Kovarianzen der Risikofaktoren schätzen. Dazu greifen wir üblicherweise auf empirische Daten zurück. Selbst bei einer sehr großen Anzahl von Risikofaktoren lässt sich der VaR auf diese Weise mittels eines *Number Crunchers* in Bruchteilen von Sekunden ermitteln, vorausgesetzt, die benötigten empirischen Daten liegen bereits vor.

Allerdings müssen wir bei der Delta-Normal-Methode auch den Nachteil in Kauf nehmen, dass der Approximationsfehler u. U. groß ist. Das ist insbesondere dann der Fall, wenn

1. die Verlustfunktion nichtlinear und die Varianz der Risikofaktoren groß ist oder
2. die Risikofaktoren keine (gemeinsame) Normalverteilung besitzen.

Wir wissen aus empirischen Studien, dass Risikofaktoren (zumindest, was die Veränderung nach einem **kurzen** Zeitraum anbetrifft) **nicht** normalverteilt sind. Vielmehr weisen sie **schwere Flanken** („Fat Tails") auf. Abb. 3.4 enthält die logarithmierte Dichtefunktion einer normalverteilten Zufallsvariablen und die logarithmierte Dichtefunktion einer t-verteilten Zufallsvariablen. Beide Zufallsvariablen besitzen den Erwartungswert 0 und die Varianz 25. Nichtsdestotrotz unterscheiden sich die beiden Dichtefunktionen erheblich voneinander: Die logarithmierte Dichtefunktion einer t-verteilten Zufallsvariablen geht weitaus langsamer gegen $-\infty$ als die logarithmierte Dichtefunktion einer normalverteilten Zufallsvariablen. Wir haben einen ähnlichen Effekt bereits in Abb. 2.1 kennengelernt, nur dass dort die Schiefe für den Unterschied zwischen den beiden Verteilungen verantwortlich war. Die Dichtefunktion der t-Verteilung ist allerdings (genauso wie die Dichtefunktion der Normalverteilung) symmetrisch. Sie strebt jedoch an den Rändern wesentlich langsamer gegen die x-Achse. Damit ist das Risiko **extremer** Schwankungen der Risikofaktoren bei der t-Verteilung erheblich größer als bei der Normalverteilung.

Abb. 3.4 Log-Dichtefunktionen zweier Zufallsvariablen mit gleichem Erwartungswert und gleicher Varianz

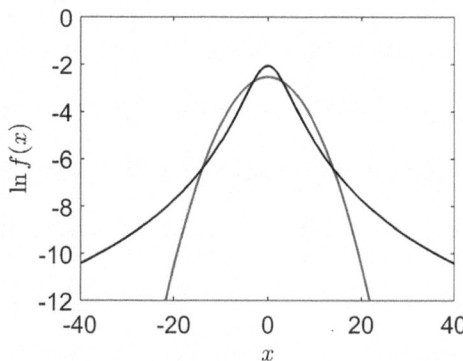

3.2.4 Monte-Carlo-Simulation

Das Monte-Carlo-Verfahren ist eine numerische Methode zur Simulation der potenziellen Realisationen der Risikofaktoren und somit auch des künftigen Verlustes. Im Gegensatz zu den analytischen Verfahren führen wir dabei keine lineare Approximation durch. Die Verlustfunktion λ kann, genauso wie das zugrundeliegende Modell für die gemeinsame Verteilung der Risikofaktoren, beliebig komplex sein. Wir müssen lediglich ein geeignetes numerisches Verfahren besitzen, mit dem wir die Realisationen von $X_1, X_2, \ldots, X_m$ simulieren können. Im Folgenden soll ein solches Verfahren skizziert werden.

Sei F_i die von uns propagierte Verteilungsfunktion von X_i. Wir möchten nun eine zufällige Realisation aus dieser Verteilungsfunktion „ziehen".[5] Dazu betrachten wir zunächst eine beliebige Zufallsvariable U, deren Realisationen (fast sicher) zwischen 0 und 1 liegen.[6] Man vergegenwärtige sich, dass

$$P\big(F_i^{-1}(U) \leq x\big) = P\big(U \leq F_i(x)\big), \quad \forall\, x \in \mathbb{R},$$

gilt, wobei F_i^{-1} die *Quantilfunktion* von X_i ist (vgl. Abschn. 2.1.1). Wählen wir nun für U eine auf dem Intervall $[0, 1]$ gleichverteilte Zufallsvariable (vgl. Abb. 2.4), d. h.

$$P\big(U \leq u\big) = u, \quad \forall\, u \in [0, 1],$$

so erhalten wir

$$P\big(F_i^{-1}(U) \leq x\big) = F_i(x), \quad \forall\, x \in \mathbb{R}.$$

Ergo: Die Zufallsvariable $F_i^{-1}(U)$ besitzt gerade die von uns propagierte Verteilung des Risikofaktors X_i!

Das führt uns nun direkt zu der sogenannten *Inversionsmethode:*

1. Zunächst erzeugen wir die Realisation u einer auf dem Intervall $[0, 1]$ gleichverteilten Zufallsvariablen U.[7]
2. Anschließend transformieren wir u mittels F_i^{-1} und erhalten die Zahl $x_i = F_i^{-1}(u)$. Diese Zahl stellt die Realisation einer Zufallsvariablen X_i dar, welche die Verteilungsfunktion F_i hat.

Auf diese Weise können wir für jeden Risikofaktor $X_1, X_2, \ldots, X_m$ eine entsprechende Realisation generieren.

---

[5]Im Übrigen kommt daher auch der Name „Monte-Carlo-Simulation": Wir tun so, als ob wir im Spielkasino seien und betrachten den künftigen Verlust unseres Unternehmens als Ergebnis eines Glücksspiels.

[6]Genauer: Es soll $P(0 < U < 1) = 1$ gelten.

[7]Wir können solche Realisationen mit jedem beliebigen Number Cruncher erzeugen. In Microsoft Excel lautet die entsprechende Funktion „=ZUFALLSZAHL()".

Allerdings ist das leider erst die Hälfte der Miete. Wir müssen ja auch dafür sorgen, dass die Zufallsvariablen $X_1, X_2, \ldots, X_m$ einer bestimmten **gemeinsamen** Wahrscheinlichkeitsverteilung folgen. Würden wir nämlich zur Erzeugung von $x_1, x_2, \ldots, x_m$ m stochastisch unabhängige (und auf dem Intervall $[0, 1]$ gleichverteilte) Zufallsvariablen $U_1, U_2, \ldots, U_m$ heranziehen, so täten wir so, als ob auch die Risikofaktoren $X_1, X_2, \ldots, X_m$ stochastisch unabhängig wären. Im Allgemeinen sind Risikofaktoren jedoch **nicht** stochastisch unabhängig. Wir können deren Abhängigkeit berücksichtigen, indem wir den Zufallsvariablen $U_1, U_2, \ldots, U_m$ eine stochastische Abhängigkeitsstruktur unterstellen. Zu diesem Zweck müssen wir für $U_1, U_2, \ldots, U_m$ eine gemeinsame Verteilungsfunktion spezifizieren.

▶   Eine gemeinsame Verteilungsfunktion der auf dem Intervall $[0, 1]$ gleichverteilten Zufallsvariablen $U_1, U_2, \ldots, U_m$ ist eine *Copula*.

Durch die vorgegebene Copula berücksichtigen wir die Gefahr, dass sich Risikofaktoren **gemeinsam** ungünstig entwickeln. Copulas sind somit wichtige Utensilien im Nähkästchen eines jeden Risikomanagers; eine weitere Erörterung würde allerdings den Rahmen dieses Buches sprengen.[8]

Wir haben bis jetzt lediglich **eine** (gemeinsame) Realisation der Risikofaktoren $X_1, X_2, \ldots, X_m$ und somit auch nur einen möglichen Verlust

$$l = \lambda(x_1, x_2, \ldots, x_m)$$

erzeugt, wobei wir $(x_1, x_2, \ldots, x_m)$ durchaus als Szenario interpretieren können. Allerdings rechnet man die Monte-Carlo-Simulation gemeinhin **nicht** der Szenarioanalyse zu.

Wir ermitteln nun die gesuchte Verlustverteilung, indem wir eine große Anzahl M von Szenarien generieren und die dazugehörigen Realisationen von L abspeichern. Anschließend berechnen wir die empirische Verteilungsfunktion der Realisationen $l_1, l_2, \ldots, l_M$ von L:

$$F_L(x) = \frac{1}{M} \sum_{i=1}^{M} \mathbb{1}_{\{l_i \leq x\}}, \qquad \forall \, x \in \mathbb{R}.$$

Hierbei ist „$\mathbb{1}_{\{\cdot\}}$" eine sogenannte *Indikatorfunktion*. Sie nimmt genau dann den Wert 1 an, wenn die Aussage in $\{\cdot\}$ wahr ist. Sonst hat die Indikatorfunktion den Wert 0. Die empirische Verteilungsfunktion an der Stelle x gibt also gerade den **Anteil** aller simulierten Verluste wieder, welche den Wert x nicht überschreiten. Sie stellt eine Approximation der tatsächlichen Verlustverteilung dar. Diese Approximation ist umso genauer, je größer die Anzahl M der simulierten Szenarien ist.

---

[8]Dem interessierten Leser möchte ich zum Einstieg in die Materie Kap. 7 in McNeil, Frey und Embrechts (2015) empfehlen.

Um die Verlustverteilung möglichst genau zu ermitteln, sollten wir so viele Szenarien wie möglich generieren. Praktisch wählen wir die Anzahl der Szenarien so, dass die Rechenzeit unseres PCs noch im erträglichen Bereich liegt. Unser Arbeitgeber wird von uns i. d. R. erwarten, dass die Berechnung bis zum nächsten Arbeitstag („overnight") abgeschlossen ist.

Beispiel 3.7

Ein Händler an der Börse möchte wissen, wie der potenzielle Verlust aus einem Optionskontrakt auf den DAX 30 verteilt ist. Der Kontrakt beinhaltet 100 Kaufoptionen. Es handelt sich dabei um Europäische Optionen, d. h., der Händler kann von seinem Recht erst am Ende der Laufzeit Gebrauch machen. Der DAX 30 steht derzeit bei 10.650 und der Ausübungspreis der Optionen beträgt 10.500 Indexpunkte. Eine Option kostet 200 €. Die aus jeder Option resultierende Auszahlung am Ende der Laufzeit beträgt

Indexstand – Ausübungspreis.

Der Händler übt die Optionen also genau dann aus, wenn der Indexstand über dem Ausübungspreis liegt. Er simuliert nun mit Hilfe eines mathematischen Modells $m = 5$ mögliche Indexstände am Ende der Laufzeit und berechnet die dazugehörigen Verluste:[9]

Szenario		1	2	3	4	5
Index	S_t	11.260	9950	10.250	12.610	9690
Option	$C_t = \max\{S_t - 10.500, 0\}$	760	0	0	2110	0
Kontrakt	$K_t = 100\, C_t$	76.000	0	0	211.000	0
Gewinn	$G_t = K_t - 100 \cdot 200$	56.000	−20.000	−20.000	191.000	−20.000
Verlust	$V_t = -G_t$	−56.000	20.000	20.000	−191.000	20.000

Sie finden die dazugehörige empirische Verteilungsfunktion des Verlustes in Abb. 3.5. ◀

Das Monte-Carlo-Verfahren hat den großen Vorteil, dass wir damit beliebig komplexe Zusammenhänge zwischen dem Verlust und den Risikofaktoren eines Unternehmens abbilden können. Wir müssen noch nicht einmal in der Lage sein, die Verlustfunktion λ abzu-

---

[9]Selbstverständlich ist die Anzahl der Simulationen in diesem Beispiel viel zu klein, um eine belastbare Aussage hinsichtlich der Verlustverteilung treffen zu können. Dieses Beispiel soll lediglich einer Illustration der Monte-Carlo-Simulation dienen.

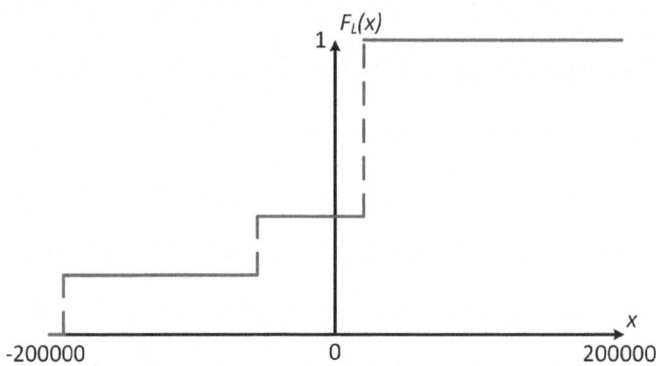

Abb. 3.5 Verlustverteilung (Monte-Carlo-Simulation)

leiten. Im Gegensatz zu der Delta-Normal-Methode können wir keinen Approximationsfehler machen. Daher bietet sich die Monte-Carlo-Simulation gerade dann an, wenn eine
lineare Approximation von λ nicht sinnvoll erscheint. Monte-Carlo-Simulationen sind
jedoch i. d. R. rechenintensiv. Hinzu kommt die Gefahr, dass wir uns durch eine geschickte
Wahl des den Risikofaktoren zugrundeliegenden Modells „schönrechnen". Wir sprechen in
diesem Zusammenhang auch vom *Modellrisiko*. Wir sollten die gemeinsame Verteilung von
$X_1, X_2, \ldots, X_m$ daher so realitätsnah wie möglich wählen. Das gilt jedoch genauso für die
analytischen Verfahren.

3.2.5 Historische Simulation

Bei der historischen Simulation generieren wir die Risikofaktoren nicht numerisch, d. h., wir
ziehen keine Zufallszahlen, sondern wir greifen auf bereits in der Vergangenheit realisierte
Daten zurück. Das Prinzip ist also das gleiche wie bei der Monte-Carlo-Simulation. Es
gibt jedoch einen wichtigen Punkt, den wir im Auge behalten müssen: Die Zeitreihe der
Risikofaktoren sollte *stationär* sein.

▸   Eine Zeitreihe ist genau dann stationär, wenn sich die gemeinsame Verteilung ihrer
       Komponenten im Zeitablauf nicht ändert.

Um dieses Argument nachzuvollziehen, sollten wir zunächst einen Blick auf Abb. 3.6 werfen. Diese Abbildung stellt den täglichen Verlauf des DAX 30 vom 03.01.2000 bis zum
16.06.2020 dar. Am 03.01.2000 stand der DAX 30 bei 6751. Gehen wir von diesem Indexstand aus, so ist es wahrscheinlich, dass der DAX 30 am Ende des Jahres 2000 unter die

Abb. 3.6 Indexstände des DAX 30

Marke von 6000 fällt. Das gilt alleine schon aufgrund der üblichen Fluktuation des DAX 30; wir hätten dafür also das darauffolgende Platzen der Internet-Blase von 2000 bis 2002 (vgl. Abb. 3.6) gar nicht voraussehen müssen.

Übungsaufgabe 3.6

Ist die Wahrscheinlichkeit, dass der DAX 30 binnen eines Jahres unter die Marke von 6000 Punkten fällt, Ihrer Meinung nach heute noch genauso hoch, wie am 03.01.2000? ◄

Ökonomen gehen üblicherweise davon aus, dass Aktien langfristig im Wert steigen. Dieses Ziel wird ja auch mit einer wertorientierten Unternehmenssteuerung verfolgt. Die Zeitreihe des DAX 30 ist also nicht stationär und es erscheint daher nicht sinnvoll, die historischen Indexstände als mögliche Realisationen künftiger Indexstände des DAX 30 heranzuziehen. Der DAX 30 an sich scheidet somit als Risikofaktor aus.

Nichtsdestotrotz wollen wir auf irgendeine Art und Weise das darin enthaltene Marktrisiko abbilden. Wir könnten zu diesem Zweck z. B. annehmen, dass der DAX 30 ein exponentielles Wachstum aufweist und auf Basis dieser Annahme die Zeitreihe bereinigen. Sei S_t der Indexstand an einem Tag $t \in \{1, 2, \ldots, n\}$, wobei n unser Stichprobenumfang ist. Wir bereinigen die Zeitreihe des DAX 30, indem wir darauf den natürlichen Logarithmus anwenden und auf diese Weise den sogenannten *Log-Preis* $Y_t := \ln S_t$ erhalten (vgl. Abb. 3.7).[10] Nun haben wir die Zeitreihe des DAX 30 zumindest um das exponentielle Wachstum bereinigt. Allerdings haben wir damit noch nicht alle Probleme beseitigt:

---

[10]Genauer gesagt handelt es sich in unserem Fall um den Log-Index. Wir können aber so tun, als ob der Index einen Preis darstellt.

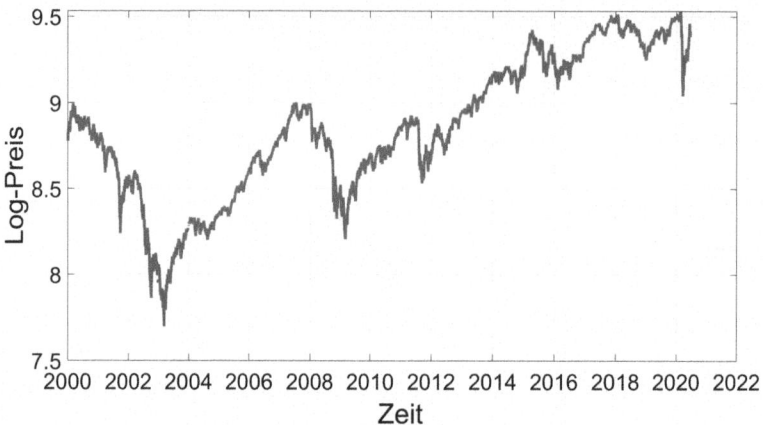

Abb. 3.7 Log-Preise des DAX 30

1. Die Zeitreihe kann immer noch einen linearen Trend aufweisen und
2. die Fluktuation künftiger (logarithmierter) Indexstände hängt von dem betrachteten Anlagehorizont ab.

Je länger wir den DAX 30 laufen lassen, desto wahrscheinlicher ist es, dass ein vorgege-
bener Indexstand nach oben oder unten durchbrochen wird. Aus diesem Grund ist auch die
Zeitreihe der Log-Preise nicht stationär.

  Wir können diese Probleme lösen, indem wir die Zeitreihe der Log-Preise differenzieren,
d. h., wir berechnen für jeden Tag $t = 2, 3, \ldots, n$ die sogenannte *Log-Rendite* (vgl. Abb. 3.8):

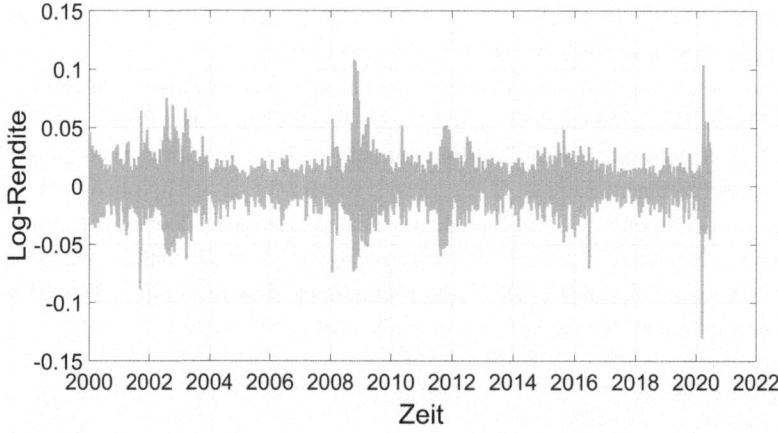

Abb. 3.8 Log-Renditen des DAX 30

$$X_t := \ln Y_t - \ln Y_{t-1} = \ln \frac{Y_t}{Y_{t-1}}.$$

Die daraus resultierende Zeitreihe scheint nun stationär zu sein und somit kommt X_t als Risikofaktor für den **täglichen** Verlust eines Portfolios aus deutschen Blue Chips in Frage. Die historisch simulierte Zeitreihe für den DAX 30 ergibt sich nun aus $\widetilde{S}_t = S_n e^{X_t}$ für $t = 2, 3, \ldots, n$, wobei S_n der **aktuelle** Indexstand des DAX 30 ist.

Wir können dieses Prinzip auf beliebige Zeitreihen übertragen und sind somit keineswegs auf Marktrisiken, geschweige denn auf den DAX 30, beschränkt. Nachdem wir die benötigten Zeitreihen bereinigt haben, setzen wir unsere Analyse praktisch so wie bei der Monte-Carlo-Simulation fort.

Beispiel 3.8

Wir betrachten den Börsenhändler aus dem letzten Beispiel. Die Laufzeit seines Optionskontrakts beträgt ein Jahr. Statt die Indexstände am Ende eines Jahres mittels eines mathematischen Modells zu simulieren, betrachtet er fünf vergangene **jährliche** Log-Renditen des DAX 30 und schließt daraus auf seinen potenziellen Verlust:[11]

Log-Rendite	X_t	$-4{,}02\,\%$	$-9{,}86\,\%$	$7{,}50\,\%$	$-13{,}88\,\%$	$12{,}35\,\%$
Index	$\widetilde{S}_t = 10.650\, e^{X_t}$	10.230	9650	11.480	9270	12.050
Option	$C_t = \max\{\widetilde{S}_t - 10.500, 0\}$	0	0	980	0	1550
Kontrakt	$K_t = 100\, C_t$	0	0	98.000	0	155.000
Gewinn	$G_t = K_t - 100 \cdot 200$	-20.000	-20.000	78.000	-20.000	135.000
Verlust	$V_t = -G_t$	20.000	20.000	-78.000	20.000	-135.000

Abb. 3.9 enthält die dazugehörige empirische Verteilungsfunktion des Verlustes. ◀

Da wir die Realisationen der Risikofaktoren anhand empirischer Beobachtungen erlangen, müssen wir bei der historischen Simulation kein bestimmtes Modell hinsichtlich der gemeinsamen Verteilung von $X_1, X_2, \ldots, X_m$ postulieren. Somit sind wir, im Gegensatz zur Monte-Carlo-Simulation, keinem Modellrisiko unterworfen. Genauso wie bei der Monte-Carlo-Simulation können wir mit der historischen Simulation beliebig komplexe Zusammenhänge zwischen dem Verlust und den Risikofaktoren eines Unternehmens abbilden.

---

[11] Auch dieses Beispiel soll lediglich der Illustration dienen. In praxi würde man natürlich nicht mit lediglich fünf Beobachtungen vorlieb nehmen.

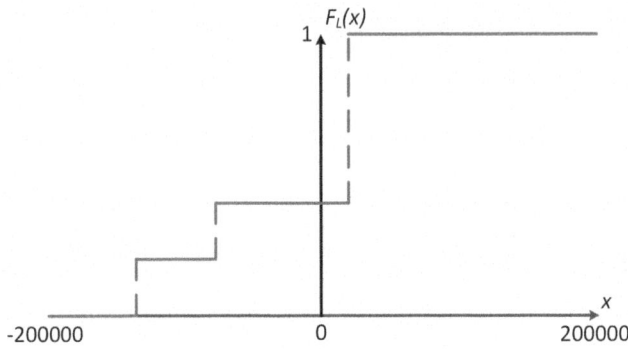

Abb. 3.9 Verlustverteilung (historische Simulation)

Die historische Simulation ist zudem nicht besonders rechenintensiv, jedoch verbringen wir typischerweise viel Zeit mit der Datenaufbereitung: Die vorhandenen Rohdaten müssen zunächst in eine geeignete Form gebracht werden. Empirische Daten sind zudem oft unvollständig *(„Missing Data")* und von Messfehlern betroffen. Nicht zuletzt müssen wir die Zeitreihen auch noch so lange bereinigen, bis die daraus resultierenden Zeitreihen der Risikofaktoren stationär sind.

Ansonsten hat die historische Simulation alle Vorteile des Monte-Carlo-Verfahrens. Problematisch ist jedoch die Tatsache, dass die benötigten empirischen Beobachtungen der Risikofaktoren nicht immer in einer hinreichend großen Zahl verfügbar sind. In diesem Fall sollten wir auf die historische Simulation verzichten, denn die Gefahr, dass wir extreme Ereignisse unterschätzen, ist dann letztendlich zu groß. Wir sprechen in diesem Zusammenhang vom sogenannten *Schätzrisiko*. Eine brauchbare Faustregel gibt es allerdings nicht. Wir können aber versuchen, die Genauigkeit der historischen Simulation mittels *Bootstrapping* zu eruieren. Auf diese Weise erhalten wir einen Standardfehler und damit auch ein Konfidenzintervall für das benötigte Risikokapital.

3.3   Zusammenfassung

Wir haben die folgenden Kapitalbegriffe erörtert: Eigenkapital, Fremdkapital, regulatorisches Kapital, Ratingkapital und ökonomisches Kapital. Eigenkapital und Fremdkapital sind elementare Begriffe des Rechnungswesens. Das regulatorische Kapital wird von der Finanzaufsicht vorgegeben und betrifft Banken und Versicherungen. Das Ratingkapital betrifft hingegen alle Unternehmen, die von einer Ratingagentur begutachtet werden. Wir können es u. U. aus der Ratingklasse eines Unternehmens ableiten. Das ökonomische Kapital ist das Eigenkapital eines Unternehmens, welches zur Vermeidung einer Insolvenz erforderlich ist. Wir setzen das ökonomische Kapital mit dem Risikokapital des Unternehmens gleich. Des Weiteren betrachten wir dessen Eigenkapital als risikotragendes Kapital. Somit ergibt sich das Exzesskapital eines Unternehmens als Differenz zwischen Eigenkapital und Risikokapital. Wir haben fünf Methoden zur Ermittlung des Risikokapitals kennengelernt. Der faktorbasierte Ansatz stellt hierbei das primitivste Verfahren dar. Die Szenarioanalyse kann vielfältig eingesetzt werden. Sie ist einfach zu vermitteln, erscheint dafür jedoch etwas willkürlich. Das analytische Verfahren ist methodisch etwas anspruchsvoller, basiert jedoch im Gegensatz zur Szenarioanalyse auf empirischen Daten. Allerdings müssen wir bei dem analytischen Verfahren einen Approximationsfehler in Kauf nehmen. Mit der Monte-Carlo-Simulation können wir dieses Problem umgehen, begegnen dabei aber dem Modellrisiko. Wir können das Modellrisiko wiederum mit der historischen Simulation vermeiden, substituieren jedoch das Modellrisiko durch ein Schätzrisiko.

3.4 Übungsaufgaben

Übungsaufgabe 3.7

Ein Unternehmen hat am Anfang des Jahres eine Bilanzsumme i. H. v. 200 Mio. €. Davon entfallen 150 Mio. € auf Fremdkapital. Das gezeichnete Kapital beträgt 10 Mio. € und die Kapitalrücklage beträgt 20 Mio. €. Darüber hinaus besitzt das Unternehmen Gewinnrücklagen i. H. v. 20 Mio. €. Gehen Sie der Einfachheit halber davon aus, dass das Fremdkapital im Zeitablauf konstant bleibt.

a) Stellen Sie die einzelnen Posten in der Bilanz dar.
b) Das Unternehmen erwirtschaftet im Laufe des Jahres einen Gewinn i. H. v. 20 Mio. €. Wie wirkt sich dieser Gewinn auf die Bilanz am Ende des Jahres aus?
c) Wie sieht die Bilanz nach dem Jahresabschluss aus, vorausgesetzt, das Unternehmen schüttet keinen Gewinn aus und macht keinen Gewinnvortrag?
d) Was wäre, wenn das Unternehmen stattdessen 30 Mio. € Verlust gemacht hätte? Stellen Sie den Verlust in der Bilanz vor und nach dem Jahresabschluss dar.

◀

Übungsaufgabe 3.8

Mittel- und langfristige nachrangige Verbindlichkeiten dürfen dem Eigenkapital zugerechnet werden. Die Park Bank AG hat die folgende Bilanz (Beträge in Mio. €):

Aktiva		Passiva	
Bargeld	5	Stammaktien	2
Aktien	10	Vorzugsaktien	1
Besicherte Hypotheken	50	Nachrangige Verbindlichkeiten (>5 Jahre)	1
Unternehmensanleihen	20	Nachrangige Verbindlichkeiten (2–5 Jahre)	1
Staatsanleihen (OECD)	10	Interbankenkredite	10
Gebäude	5	Einlagen	85
$\sum$	100	$\sum$	100

Erfüllt die Park Bank die Eigenkapitalanforderungen nach Basel I? ◄

Übungsaufgabe 3.9

Gegeben sind die folgenden Werte (in %), wobei „AW" für die Ausfallwahrscheinlichkeit und „EQ" für die dazugehörige Eigenkapitalquote eines Unternehmens stehen:

Rating	AAA	AA	A	BBB	B	B	CCC
AW	0,00	0,01	0,02	0,15	0,70	3,00	15,00
EQ	60	40	20	10	5	3	1

Das Unternehmen möchte eine Ausfallwahrscheinlichkeit i. H. v. 1 % nicht überschreiten. Wie hoch muss seine Eigenkapitalquote mindestens sein? ◄

Übungsaufgabe 3.10

Eine AG weist am Anfang des Geschäftsjahres die folgende Bilanz auf (Beträge in Mio. €):

Aktiva		Passiva	
Sachanlagen	50	Grundkapital	10
Forderungen	40	Kapitalrücklage	30
Kasse	10	Gewinnrücklagen	10
Rohstoffe	100	Kredite	100
Vorprodukte	50	Anleihen	100
$\sum$	250	$\sum$	250

Der Vorstand möchte den vorhandenen Kassenbestand in ein neues Projekt investieren. Dafür benötigt das Unternehmen jedoch einen weiteren Kredit i. H. v. 20 Mio. €. Das gesamte Investitionsvolumen würde sich gleichmäßig auf Sachanlagen, Rohstoffe und Vorprodukte verteilen. Der Risikomanager ist der Meinung, dass das Risikokapital derzeit 40 Mio. € beträgt.

a) Wie sieht die Bilanz des Unternehmens nach der Investition aus?

b) Um welchen Betrag darf das Risikokapital des Unternehmens höchstens steigen, damit die Investition gerade noch zulässig ist?

◄

Übungsaufgabe 3.11

Ein Computerhersteller verfügt über fünf Geschäftsbereiche. Sie können die dazugehörigen Umsätze sowie die Risikogewichte der folgenden Tabelle entnehmen (Umsätze in Mio. €):

GB	Desktop	Laptop	Server	Peripherie	F&E
Umsatz	150	210	60	20	40
Gewicht	0,20	0,40	0,10	0,50	2,00

a) Berechnen Sie das Risikokapital des Unternehmens mit Hilfe des faktorbasierten Ansatzes.

b) Das Eigenkapital des Computerherstellers beträgt nur 200 Mio. €. Auf wie viel Umsatz in der Peripherie-Sparte müsste er zugunsten von Geld verzichten, damit das Unternehmen tragfähig wird?

◄

Übungsaufgabe 3.12

Ein Unternehmen hat drei Geschäftsbereiche:

GB	A	B	C
Umsatz/Eigenkapital	1	2	3
Gewinn/Umsatz	0,12	0,04	0,06
Gewicht	0,50	0,25	0,50

Das Unternehmen verfügt über 10 Mio. € Eigenkapital und möchte seinen Gewinn maximieren. Wie müsste der Manager das gegebene Eigenkapital auf die einzelnen Geschäftsbereiche aufteilen, damit das Unternehmen gerade noch tragfähig ist? Ermitteln Sie das Risikokapital mit Hilfe des faktorbasierten Ansatzes. Als Faktor dient hierbei der Umsatz. ◄

Übungsaufgabe 3.13

Ein Spekulant geht davon aus, dass der Gewinn seines Portfolios am Ende des Jahres vom DAX 30 (X_1) und vom S&P 500 (X_2) abhängt. Hinsichtlich seines Verlustes (in Tsd. €) kommt er zu dem folgenden Schluss:

$$L = -0,005 \cdot (X_1 - 10.650) - 0,001 \cdot (X_2 - 2150),$$

wobei die Zahlen 10.650 und 2150 die aktuellen Indexstände darstellen. Er betrachtet nun die folgenden drei Szenarien mit den dazugehörigen Eintrittswahrscheinlichkeiten:

Risikofaktor	bester Fall	Normalfall	schlechtester Fall
	30 %	60 %	10 %
X_1	12.000	10.650	9000
X_2	2400	2150	1800

a) Stellen Sie die dazugehörige Verlustverteilung grafisch dar.
b) Berechnen Sie den dazugehörigen 95 %-VaR.

◀

Übungsaufgabe 3.14

Nennen Sie fünf Risikofaktoren einer Bank, die sich auf Hypotheken spezialisiert hat. Wie hängt der potenzielle Verlust einer solchen Bank Ihrer Meinung nach von den Risikofaktoren ab? ◀

Übungsaufgabe 3.15

Wir betrachten den Spekulanten aus Aufgabe 3.13. Er glaubt, dass die Aktienindizes gemeinsam normalverteilt sind, und geht von den folgenden Parametern aus:

$$\sigma_{DAX} = 1000, \quad \sigma_{S\&P} = 200 \quad \text{und} \quad \rho_{DAX,S\&P} = 70 \%.$$

Berechnen Sie den 95 %-VaR des Spekulanten. ◀

Übungsaufgabe 3.16

Im Rahmen des analytischen Verfahrens propagieren Sie den folgenden approximativen Zusammenhang zwischen dem Verlust und den Risikofaktoren:

$$L = \beta_0 + \beta_1 X_1 + \beta_2 X_2 + \ldots + \beta_n X_m.$$

Wie lauten nun der Achsenabschnitt und die Steigungskoeffizienten der approximativen Verlustfunktion? Beziehen Sie sich dabei auf die eigentliche Verlustfunktion λ. ◄

Übungsaufgabe 3.17

Ein Immobilienmakler möchte wissen, wie sein Verlust am Ende des Jahres verteilt ist. Dieser hängt maßgeblich von den künftigen Immobilienpreisen und der Anzahl der Transaktionen am Immobilienmarkt ab. Er führt eine Monte-Carlo-Simulation bezüglich des Immobilienpreisindexes (X_1) sowie der Anzahl der Transaktionen für Wohneigentum (X_2) durch. Er propagiert die folgende Verlustfunktion (Verlust in Tsd. €):

$$L = -0{,}05\big(X_1 X_2 - x_1 x_2\big).$$

Aktuell gilt $x_1 = 175$ und $x_2 = 110$. Er erzeugt nun $M = 5$ Monte-Carlo-Realisationen von X_1 und X_2 am Ende des Jahres:

X_1	185	165	171	182	174
X_2	114	98	110	115	105

a) Ermitteln Sie die potenziellen Verluste.
b) Skizzieren Sie die dazugehörige Verteilungsfunktion.
c) Berechnen Sie den 95 %-VaR.

◄

Übungsaufgabe 3.18

Der Verlust eines Unternehmens beträgt

$$L = -10 + 3\,(X_1 - 10) + 2\,(X_2 - 5).$$

Sie nehmen an, dass die Risikofaktoren X_1 und X_2 einer gemeinsamen Normalverteilung folgen und gehen von den Parametern $\sigma_1 = 10$ sowie $\sigma_2 = 5$ aus.

a) Berechnen Sie den 95 %-VaR unter der Annahme, dass X_1 und X_2 unkorreliert sind.
b) Berechnen Sie den 95 %-VaR unter der Annahme $\rho_{12} = 0{,}5$.
c) Erläutern Sie den Unterschied zwischen den beiden Value-at-Risks aus ökonomischer Sicht.

◄

Betrachten Sie den Immobilienmakler aus Aufgabe 3.17. Statt mit einer Monte-Carlo-Simulation möchte er die potenziellen Werte des Immobilienpreisindexes sowie die Anzahl der Transaktionen für Wohneigentum am Ende des Jahres nun mittels historischer Simulation generieren. Beide Indizes werden von der Deutschen Bundesbank zur Verfügung gestellt.

a) Googeln Sie die zeitliche Entwicklung des Immobilienpreisindexes sowie die Anzahl der Transaktionen.
b) Weshalb sind die in Teilaufgabe a ermittelten Zeitreihen vermutlich nicht stationär? Geben Sie eine ökonomische Begründung.
c) Auf welche Weise können die ursprünglichen Zeitreihen in stationäre Zeitreihen verwandelt werden?
d) Sie können die vergangenen Beobachtungen der betreffenden Indizes der folgenden Tabelle entnehmen:

Index	2007	2008	2009	2010	2011	2012
X_1	99,7	99,6	98,6	100	102,6	106,8
X_2	83,1	83,1	91	100	111,6	113,1
Index	2013	2014	2015	2016	2017	2018
X_1	112,3	118,2	126,3	136,8	146,9	159,1
X_2	109	110,6	115,1	115,7	109,9	109,5

Berechnen Sie die potenziellen Verluste des Immobilienmaklers anhand der von Ihnen generierten Risikofaktoren und ermitteln Sie den 95 %-VaR. (Tipp: Sie müssen zu diesem Zweck keine Verteilungsfunktion skizzieren.)

◄

Wägen Sie zwischen der Monte-Carlo-Simulation und der historischen Simulation ab. Welche Methode würden Sie bevorzugen, falls die Anzahl der historischen Beobachtungen klein ist? Wie würden Sie stattdessen vorgehen, wenn Sie hinreichend viele Beobachtungen besitzen? ◄

Kapitalallokation und Erfolgsmessung 4

4.1 Kapitalallokation

4.1.1 Risikotoleranz und Risikoappetit

Wie viel Risiko ein Unternehmen maximal in Kauf nehmen **darf,** hängt maßgeblich von der verfügbaren Menge an Eigenkapital ab. Wir bezeichnen das Eigenkapital des Unternehmens mit $E > 0$. Die Unternehmensleitung (oder die Finanzaufsicht) fordert nun, dass die Bedingung

$$\rho(A) \leq \tau E, \qquad \tau \geq 0,$$

© Springer Fachmedien Wiesbaden GmbH, ein Teil von Springer Nature 2021
G. Frahm, *Enterprise Risk Management*,
https://doi.org/10.1007/978-3-658-31284-8_4

erfüllt ist. Die Zahl τ bezeichnen wir als *Risikotoleranz*.[1] In Abschn. 2.3 haben wir den Begriff der *Tragfähigkeit* kennengelernt. Demnach ist ein Unternehmen genau dann tragfähig, wenn

$$\rho(A) \leq E.$$

D. h., wir gehen im Folgenden implizit von $\tau = 1$ aus.

Ein Unternehmen muss nicht zwangsläufig das zur Verfügung stehende Eigenkapital ausschöpfen. Die Zahl

$$\alpha := \frac{\rho(A)}{E} \leq 1$$

spiegelt den *Risikoappetit* des Unternehmens wider.[2] Im Falle $\alpha < 1$ hält das Unternehmen Exzesskapital vor.

Weshalb sollte ein Unternehmen in der Praxis überhaupt Exzesskapital horten? Die möglichen Gründe dafür sind wie folgt:

- In erster Linie betrifft dieses Phänomen Großunternehmen. Diese verfügen über eine große Menge an Eigenkapital, haben jedoch u. U. bereits alle profitablen Investitionsalternativen ausgeschöpft.
- Kleine und mittelständische Unternehmen verfügen nicht über so viel Eigenkapital wie ein Großunternehmen. Nichtsdestotrotz können zwischenzeitlich Phasen entstehen, z. B. kurz nachdem ein Investitionsprojekt abgeschlossen wurde, in denen es schlichtweg keine geeigneten Investitionsalternativen gibt.
- Banken und Versicherungen sind strengen regulatorischen Anforderungen hinsichtlich der Höhe ihres Eigenkapitals unterworfen. Sie müssen also nicht nur eine Insolvenz vermeiden, sondern auch dafür sorgen, dass das Unternehmen permanent tragfähig bleibt, d. h., dass das Exzesskapital nicht unter null fällt.

In allen Fällen nutzen die betreffenden Unternehmen das vorhandene Exzesskapital als *Kapitalreserve*. Hinzu kommt, dass Unternehmen in der Realität entweder einfach nicht in der Lage sind, ihr Risikokapital abzuschätzen, oder die Ermittlung des Risikokapitals mit Unsicherheit behaftet ist (vgl. Abschn. 3.2). In diesem Fall dient das Exzesskapital als Puffer, um die bestehende Unsicherheit hinsichtlich des Risikokapitals auszugleichen.

---

[1] Die Nomenklatur ist in der Literatur leider uneinheitlich. Manchmal ist damit auch das Konfidenzniveau p des Value-at-Risks gemeint (vgl. Deutsche Gesellschaft für Risikomanagement e. V., 2008, S. 106).

[2] Auch hier werden die Begriffe nicht einheitlich verwendet: Risikoappetit wird in der Literatur oft mit Risikotoleranz gleichgesetzt (vgl. Kriele und Wolf, 2012, S. 269).

Beispiel 4.1

Die Securitas Versicherung AG verfügt über vier Geschäftsbereiche und wir nehmen an, dass sie sich ausschließlich durch Eigenkapital finanziert (Geldbeträge in Mio. €):

	Kasse	Feuerversicherung	Wasserschaden	Blitzeinschlag	Σ
x_i	5	40	25	30	100
$\frac{\partial \rho(A)}{\partial x_i}$	0	1,25	0,80	0,5	
$x_i \frac{\partial \rho(A)}{\partial x_i}$	0	50	20	15	85

Das Risikokapital der Securitas beträgt also 85 Mio. €. Sie besitzt somit ein Exzesskapital i. H. v. $100 - 85 = 15$ Mio. € und ihr Risikoappetit beträgt $\alpha = 85/100 = 0,85$. ◄

Übungsaufgabe 4.1

Auf welche Weise könnte die Securitas ihr Risikokapital durch eine Umschichtung ihres Kapitals steigern, unabhängig davon, ob dies aus betriebswirtschaftlicher Sicht sinnvoll wäre oder nicht? ◄

4.1.2 Allokation vs. Zuteilung

Unternehmen streben i. d. R. möglichst riskante Projekte an, um ihren erwarteten Profit zu maximieren. Nichtsdestotrotz muss das Unternehmen tragfähig sein. Im besten Fall besitzt das Unternehmen kein Exzesskapital, d. h., es gilt:

A. $\rho(x_0, x_1, \ldots, x_N) = E$.

Der Risikoappetit des Unternehmens beträgt dann gerade $\alpha = 1$.

Um darüber hinaus mit dem gegebenen Kapital möglichst effizient zu agieren, können wir für A die folgende Eigenschaft fordern:

B. $\rho(x_i) \geq x_i$ für $i = 0, 1, \ldots, N$.

Hierbei symbolisiert

$$\rho(x_i) := x_i \rho(L_i)$$

gerade das Risikokapital des Geschäftsbereichs $i = 0, 1, \ldots, N$. Eigenschaft **B** ist somit äquivalent zu

$$\rho(L_i) \geq 1,$$

vorausgesetzt, es gilt $x_i > 0$. Falls das Unternehmen hingegen nichts in den GB i investiert ($x_i = 0$), ist die Eigenschaft **B** bereits automatisch erfüllt.

Aus der Subadditivität des Risikomaßes ρ folgt die Ungleichung

$$\rho(x_0, x_1, \ldots, x_N) = \rho\left(\sum_{i=1}^{N} x_i L_i\right) \leq \sum_{i=1}^{N} x_i \rho(L_i) = \sum_{i=1}^{N} \rho(x_i).$$

Übungsaufgabe 4.2

Zeigen Sie, dass **B** die Ungleichung

$$\sum_{i=0}^{N} \rho(x_i) \geq \sum_{i=0}^{N} x_i$$

impliziert. Die Summe aller Risikokapitalbeträge der einzelnen Geschäftsbereiche unterschreitet also nicht die Bilanzsumme des Unternehmens. Wieso kann das Unternehmen dennoch tragfähig sein? ◄

Die Allokation $A = (x_0, x_1, \ldots, x_N)$ stellt genau dann eine *Zuteilung* dar, wenn sie die Eigenschaften **A** und **B** erfüllt, d. h., falls

1. das Unternehmen gerade so tragfähig ist und
2. nur solche Projekte berücksichtigt, für die das Risikokapital nicht kleiner als das dazugehörige Investitionsvolumen ist.

▶   Eine Zuteilung beinhaltet, dass das Unternehmen keine Kasse hält. Damit ist es praktisch illiquide.

Beispiel 4.2

Für die Securitas gilt:

	Kasse	Feuerversicherung	Wasserschaden	Blitzeinschlag	Σ
x_i	5	40	25	30	100
$\frac{\partial \rho(A)}{\partial x_i}$	0	1,25	0,80	0,5	
$x_i \frac{\partial \rho(A)}{\partial x_i}$	0	50	20	15	85
$\rho(L_i)$	0	2	1	0,5	
$x_i \rho(L_i)$	0	80	25	15	120

Obwohl die Versicherung tragfähig ist, stellt die gegebene Allokation $A = (5, 40, 25, 30)$ **keine** Zuteilung dar:

1. Zum einen verletzt A die Eigenschaft **A**, denn die Versicherung verfügt über Exzesskapital.
2. Zum anderen hat sie in den GB „Blitzeinschlag" investiert. Hierfür gilt aber $\rho(L_3) = 0{,}5 < 1$, womit die Eigenschaft **B** verletzt ist.
3. Außerdem hat die Versicherung einen Kassenbestand.

Nun betrachten wir stattdessen die folgende Allokation:

	Kasse	Feuerversicherung	Wasserschaden	Erdbeben	Σ
x_i	0	30	30	40	100
$\frac{\partial \rho(A)}{\partial x_i}$	0	1,00	0,80	1,15	
$x_i \frac{\partial \rho(A)}{\partial x_i}$	0	30	24	46	100
$\rho(L_i)$	0	2	1	1,5	
$x_i \rho(L_i)$	0	60	30	60	150

Diese Allokation stellt eine Zuteilung dar, denn die Eigenschaften **A** und **B** sind nun erfüllt. ◄

Übungsaufgabe 4.3

Würde sich das Ergebnis unserer Analyse am Ende des letzten Beispiels ändern, falls die Securitas auch auf Fremdkapital zurückgreifen würde? ◄

In der Praxis werden wir kaum Fälle erleben, in denen die Allokation eines Unternehmens eine Zuteilung darstellt. Insbesondere Eigenschaft **B** ist realitätsfern. Diese Eigenschaft verlangt vom Unternehmen, dass es alle konservativen Geschäftsbereiche zu meiden hat. Die Implikation, dass der Geldbestand gleich null sein muss, würde praktisch bedeuten, dass das Unternehmen illiquide sein muss. Gerade in Bezug auf Banken und Versicherungen ist das schon aus regulatorischer Sicht unrealistisch. Wir sollten die Eigenschaften **A** und **B** daher eher als theoretische Idealvorstellungen interpretieren.

4.2 Erfolgsmessung

Erfolgsmaße messen den betriebswirtschaftlichen Erfolg eines Unternehmens während eines Geschäftsjahres. Sie sind üblicherweise nach ein und demselben Muster gestrickt:

$$\text{Erfolgsmaß} = \frac{\text{Erfolg}}{\text{Einsatz}}.$$

Die einzelnen Erfolgsmaße unterscheiden sich also lediglich durch die jeweilige Definition von „Erfolg" und „Einsatz".

4.2.1   Buchhalterische Erfolgsmaße

Buchhalterische Erfolgsmaße basieren auf dem sogenannten *Return-on-Investment* (ROI), den wir auch als Kapitalrendite bezeichnen:

$$\text{ROI} := \frac{\text{Gewinn}}{\text{Kapitaleinsatz}}.$$

Es handelt sich dabei um einen Oberbegriff, denn wir müssen zunächst klären, was wir unter dem „Gewinn" bzw. dem „Kapitaleinsatz" verstehen. In jedem Fall können wir den ROI wie folgt zerlegen:

$$\text{ROI} = \underbrace{\frac{\text{Gewinn}}{\text{Umsatz}}}_{\text{Umsatzrendite}} \cdot \underbrace{\frac{\text{Umsatz}}{\text{Kapitaleinsatz}}}_{\text{Kapitalumschlag}}.$$

Der ROI ist somit ein Produkt von *Umsatzrendite* und *Kapitalumschlag* des Unternehmens.

Das Unternehmen muss Zinsen an seine Kapitalgeber sowie Steuern auf den Gewinn entrichten. Es muss außerdem seine Vermögensgegenstände abschreiben. Im englischsprachigen Raum kürzen wir

- den Gewinn mit **E** („Earning"),
- die Zinsen mit **I** („Interest"),
- die Steuern mit **T** („Tax") sowie
- die Abschreibungen mit **DA** („Depreciation/Amortisation")

ab. Wir erhalten damit die folgenden Abkürzungen für den Gewinn des Unternehmens:

- Gewinn vor Steuern: **EBT** („Earning before Tax")
- Gewinn vor Zinsen und Steuern: **EBIT** („Earning before Interest and Tax")
- Gewinn vor Zinsen, Steuern und Abschreibungen: **EBITDA** („Earning before Interest, Tax and Depreciation/Amortisation")

Der ROI hat einen direkten Bezug zu betriebswirtschaftlichen Größen und ist daher leicht nachvollziehbar. Wir setzen dabei den Gewinn eines Unternehmens einfach zum Kapitaleinsatz ins Verhältnis. Allerdings wird das Risiko der Investoren hierbei völlig außer Acht gelassen. Wir werden uns diesem Problem später widmen.

Können wir den ROI Ihrer Meinung nach für die Planung künftiger Investitionsvorhaben verwenden? ◄

Return-on-Equity

Aus der Sicht der Eigenkapitalgeber ist der *Return-on-Equity* relevant, welchen wir auch als Eigenkapitalrendite bezeichnen:

$$\text{ROE} := \frac{\text{Gewinn}}{\text{Eigenkapital}},$$

wobei wir den Gewinn eines Unternehmens wie folgt definieren:

Gewinn := Umsatz − Kosten.

Hierbei verwenden wir die Definition

Umsatz := Menge · Preis.

Wir unterscheiden generell zwischen variablen Kosten und Fixkosten. Variable Kosten entstehen erst bei der Herstellung eines Produkts, während Fixkosten unabhängig vom Produktionsprozess gegeben sind. Hinzu kommen die Zinsen, welche das Unternehmen an seine Kapitalgeber zu entrichten hat. Zinsen stellen im Prinzip auch Fixkosten dar, werden aber üblicherweise gesondert aufgeführt.

Nennen Sie typische Beispiele für variable Kosten und Fixkosten eines Unternehmens. ◄

Natürlich könnten wir die Aufteilung des ROE in seine einzelnen Bestandteile beliebig fortsetzen, belassen es jedoch dabei. Unsere Aufteilung ist in dem Kennzahlenbaum in Abb. 4.1 schematisch dargestellt.

Die Firma Taxi Leasing GmbH hat im letzten Jahr 120 Taxis zu einem Betrag i. H. v. 18.000 €/Taxi vermietet. Die Abschreibung beträgt 3000 €/Taxi. Der Mietpreis für das Firmengebäude beträgt 50.000 €/Jahr. Darüber hinaus belaufen sich die Zinsen auf 250.000 €/Jahr. Das Eigenkapital der Firma beträgt 5 Mio. €. Wir erhalten somit die folgende Tabelle:

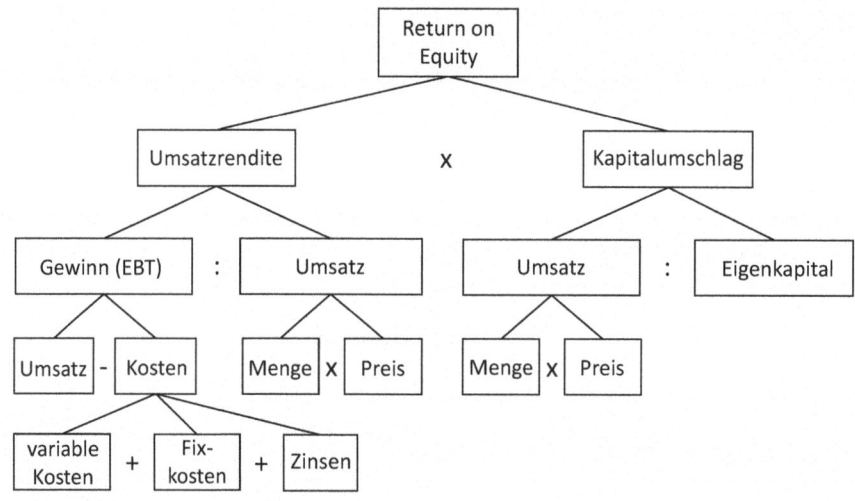

Abb. 4.1 Kennzahlenbaum (ROE)

Anzahl Taxis	120
Miete pro Taxi	18.000 €
Umsatz	2.160.000 €
Abschreibung pro Taxi	3000 €
Abschreibung gesamt	360.000 €
Miete Firmengebäude	50.000 €
Zinsen	250.000 €
Kosten	660.000 €
Gewinn (EBT)	1.500.000 €

Der ROE beträgt somit

$$ROE = \frac{1.500.000}{5.000.000} = 30\,\%.$$

◀

Übungsaufgabe 4.6

Berechnen Sie die Umsatzrendite und den Kapitalumschlag der Taxi Leasing GmbH. ◀

Return-on-Assets

Wir bezeichnen den *Return-on-Assets* (ROA) auch als Gesamtkapitalrendite. Sie ist wie folgt definiert:

$$\textbf{ROA} := \frac{\textbf{Gewinn vor Zinsen}}{\textbf{Eigenkapital + Fremdkapital}}.$$

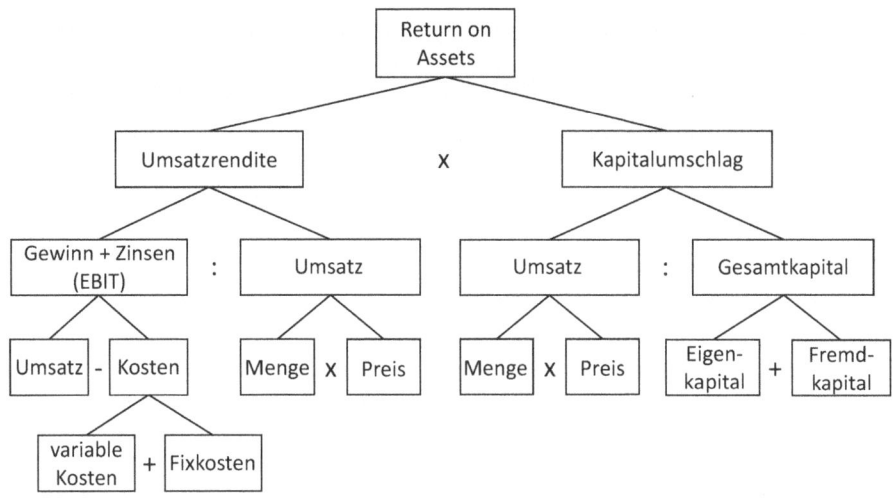

Abb. 4.2 Kennzahlenbaum (ROA)

Beim ROA berücksichtigen wir also den Gewinn **vor** Zinsen und setzen diesen dementsprechend nicht in Bezug zum Eigenkapital, sondern zum Gesamtkapital des Unternehmens. Abb. 4.2 enthält den dazugehörigen Kennzahlenbaum.

Beispiel 4.4

Angenommen, die Taxi Leasing GmbH hat eine Eigenkapitalquote von 50 %. Somit beträgt das Fremdkapital 5 Mio. € und wir erhalten:

$$\text{ROA} = \frac{1.500.000 + 250.000}{5.000.000 + 5.000.000} = \frac{1.750.000}{10.000.000} = 17{,}5\,\%.$$

◄

Übungsaufgabe 4.7

Wie hoch ist die Gesamtkapitalrendite der Taxi Leasing GmbH, wenn wir als Gewinn den **EBITDA** zugrundelegen? ◄

4.2.2 Risikobasierte Erfolgsmaße

Buchhalterische Erfolgsmaße basieren auf der Bilanz eines Unternehmens und lassen das Risiko völlig außer Acht. Im Folgenden betrachten wir Erfolgsmaße, die das Risiko der Eigenkapitalgeber berücksichtigen.

Zunächst definieren wir den *Economic Value Added* (EVA), welchen wir auch als Geschäftswertbeitrag oder ökonomischen Mehrwert bezeichnen:

EVA := Gewinn - Kapitalkosten.

Die Kapitalkosten beziehen sich hierbei auf die **Eigenkapitalgeber.** Wir berechnen sie wie folgt:

Kapitalkosten = Risikokapital · Hurdle Rate,

wobei die *Hurdle Rate* die von den Eigenkapitalgebern verlangte Rendite auf das Risikokapital ist. Sie enthält eine *Risikoprämie,* denn die Investoren möchten ja für das eingegangene Risiko entlohnt werden.

Übungsaufgabe 4.8

Aus welchem Grund bezieht sich die Hurdle Rate auf das Risikokapital und nicht auf das Eigenkapital des Unternehmens? ◄

Die Hurdle Rate wird z. B. von den Aktionären einer AG im Rahmen einer Hauptversammlung festgelegt oder von den Managern in internen Meetings bestimmt. Wir symbolisieren die Hurdle Rate im Folgenden mit h und erhalten somit

$$\text{EVA} = G - \rho(A)h.$$

Beispiel 4.5

Die Gesellschafter der Taxi Leasing GmbH verlangen eine Rendite von 20 %, bezogen auf das Risikokapital. D. h., die Hurdle Rate beträgt $h = 0{,}2$. Sie schätzt das Risikokapital der Gesellschaft auf 4 Mio. € und hat somit einen ökonomischen Mehrwert i. H. v.

$$\text{EVA} = 1.500.000 - 4.000.000 \cdot 0{,}2 = 700.000 \, €$$

erzielt. ◄

RAROC

Wir definieren den *Risk-Adjusted Return-on-Capital* (RAROC) wie folgt:

$$\textbf{RAROC} := \frac{\textbf{EVA}}{\textbf{Eigenkapital}}.$$

Mit Rückgriff auf unsere bisherige Symbolik erhalten wir also

$$\text{RAROC} = \frac{\text{EVA}}{E} = \frac{G - \rho(A)h}{E} = \text{ROE} - \frac{\rho(A)h}{E}.$$

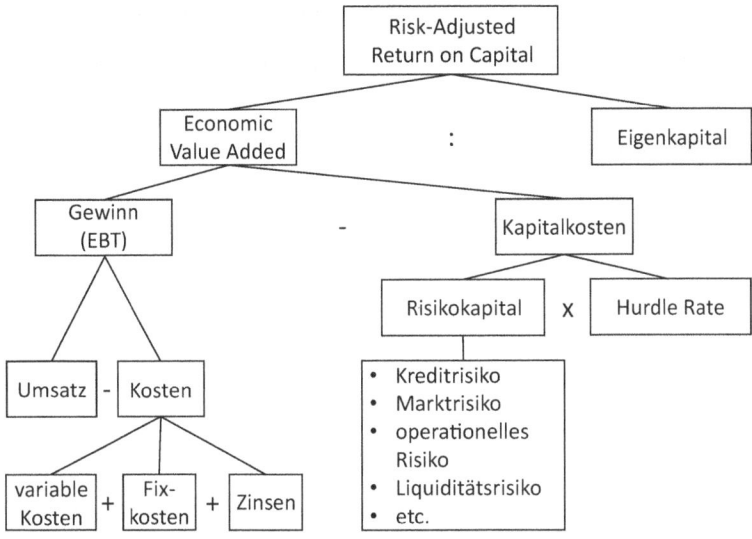

Abb. 4.3 Kennzahlenbaum (RAROC)

Abb. 4.3 stellt den RAROC in Form eines Kennzahlenbaums dar.

Ein positiver RAROC deutet darauf hin, dass das Unternehmen einen ökonomischen Mehrwert erzielt hat und damit erfolgreich war. Ist der RAROC hingegen negativ, so hat das Unternehmen Wert „vernichtet" und konnte damit die Erwartungen der Eigenkapitalgeber nicht erfüllen.

▸ In der Literatur wird E oft mit $\rho(A)$ gleichgesetzt. Somit wird implizit unterstellt, dass das Unternehmen den Risikoappetit $\alpha = 1$ besitzt.

Falls das Unternehmen kein Exzesskapital vorhält, gilt $\rho(A) = E$ und wir erhalten somit die Beziehung

$$\text{RAROC} = \text{ROE} - h.$$

Übungsaufgabe 4.9

Wodurch berücksichtigt der RAROC das Risiko der Eigenkapitalgeber im Fall $\alpha = 1$? ◂

Beispiel 4.6

Das Risikokapital der Taxi Leasing GmbH beträgt $\rho(A) = 4$ Mio. €. D.h., sie verfügt über Exzesskapital i. H. v. $5 - 4 = 1$ Mio. €. Da die obige Voraussetzung somit **nicht** erfüllt ist, müssen wir den RAROC anhand von

$$\text{RAROC} = \frac{\text{EVA}}{E}$$

berechnen und erhalten auf diese Weise

$$\text{RAROC} = \frac{700.000}{5.000.000} = 14\,\%.$$

Der RAROC ist positiv und somit war die Firma erfolgreich. ◄

RORAC

Wir definieren den *Return-on-Risk-Adjusted-Capital* (RORAC) wie folgt:

$$\textbf{RORAC} := \frac{\textbf{Gewinn}}{\textbf{Risikokapital}},$$

wobei wir implizit davon ausgehen, dass das Risikokapital des betrachteten Unternehmens positiv ist.

Wir können den RORAC wiederum symbolisch darstellen und zum EVA in Bezug setzen:

$$\text{RORAC} = \frac{G}{\rho(A)} = \frac{G - \rho(A)h}{\rho(A)} + h = \frac{\text{EVA}}{\rho(A)} + h, \quad \rho(A) > 0.$$

Abb. 4.4 stellt den RORAC in Form eines Kennzahlenbaums dar.

Wir bezeichnen das Unternehmen nun genau dann als erfolgreich, wenn RORAC $> h$, d. h., wenn es wiederum einen ökonomischen Mehrwert erzielt hat (EVA > 0). Gehen wir davon aus, dass das Unternehmen kein Exzesskapital vorhält, so gilt schlichtweg

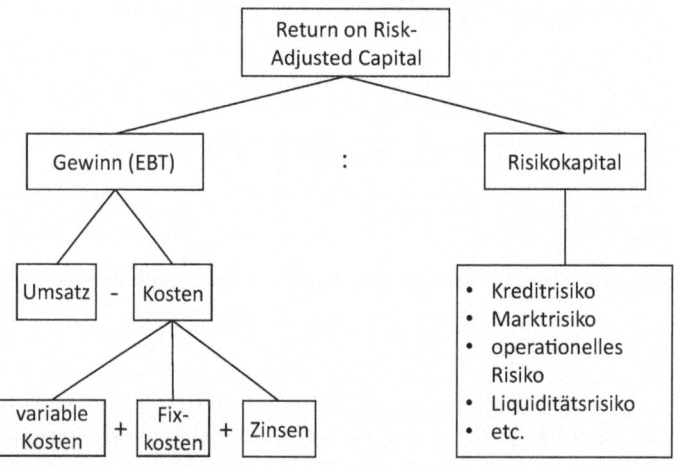

Abb. 4.4 Kennzahlenbaum (RORAC)

$$\text{RORAC} = \text{ROE}.$$

Für den Fall $\alpha = 1$ erhalten wir also die Relation

$$\text{RORAC} = \text{RAROC} + h.$$

Falls das Unternehmen also kein Exzesskapital vorhält, setzt sich der RORAC aus dem RAROC und der Hurdle Rate zusammen.

Übungsaufgabe 4.10

Berücksichtigt der RORAC das Risiko der Eigenkapitalgeber im Fall $\alpha = 1$? ◄

Beispiel 4.7

Da die Taxi Leasing GmbH Exzesskapital vorhält, entspricht der RORAC **nicht** dem ROE. Es gilt vielmehr:

$$\text{RORAC} = \frac{G}{\rho(A)} = \frac{1.500.000}{4.000.000} = 37,5\,\%.$$

Die Hurdle Rate beträgt 20 %. Der RORAC übersteigt die Hurdle Rate, und somit hat die Taxi Leasing GmbH ein erfolgreiches Geschäftsjahr hinter sich gebracht. ◄

Wir fassen die vorgenannten Definitionen sowie die Zusammenhänge zwischen den Erfolgsmaßen und der Hurdle Rate in Tab. 4.1 zusammen.

4.2.3 Marktorientierte Erfolgsmaße

Marktorientierte Erfolgsmaße basieren weder auf der Bilanz noch auf dem Risikokapital eines Unternehmens, sondern auf dem CAPM, welches wir bereits in Abschn. 1.2.2 erörtert haben. In diesem Abschnitt gelten alle dortigen Konventionen. Wir können diese Erfolgsmaße entweder ex ante oder ex post verwenden. „Ex ante" bedeutet, dass wir den **erwarteten** Erfolg eines Unternehmens (oder eines einzelnen Investitionsprojektes) betrachten, **bevor** wir eine konkrete Entscheidung gefällt haben. Die Entscheidung fällt dann zugunsten des

Tab. 4.1 Erfolgsmaße und Hurdle Rate

Erfolgsmaß	$\alpha \leq 1$	$\alpha = 1$
RAROC	$\frac{\text{EVA}}{E}$	$\text{ROE} - h$
RORAC	$\frac{G}{\rho(A)}$	ROE

Unternehmens bzw. des Projekts, bei dem das entsprechende Erfolgsmaß die höchste Ausprägung besitzt. Berechnen wir das Erfolgsmaß stattdessen „ex post", so haben wir bereits eine Entscheidung zugunsten eines bestimmten Unternehmens (oder Projekts) getroffen und wollen **danach** überprüfen, ob sich unsere Erwartungen erfüllt haben. In diesem Fall orientieren wir uns am **tatsächlichen** (und nicht am erwarteten) Erfolg des Unternehmens.

Übungsaufgabe 4.11

Betrachten Sie die folgenden Situationen:

- Ein Investor möchte sein Aktienportfolio mit Hilfe des Markowitz-Kalküls optimieren.
- Eine Börsenzeitschrift beurteilt die Leistung eines Fondsmanagers anhand seiner vergangenen Performance.

Handelt es sich in den beschriebenen Situationen jeweils um eine Ex-ante- oder Ex-post-Analyse? ◄

Übungsaufgabe 4.12

Es ist überaus gefährlich, auf Basis einer Ex-post-Analyse Rückschlüsse auf den künftigen Erfolg eines Unternehmens zu ziehen. Begründen Sie diese Aussage. ◄

Sharpe Ratio
Die Sharpe Ratio der Aktie $i = 1, 2, \ldots, N$ beträgt

$$\mathrm{Sh}_i = \frac{\mu_i - r}{\sigma_i},$$

wobei μ_i die erwartete Rendite und σ_i die Standardabweichung der Rendite der Aktie i darstellt. Wir können hierbei z. B. von einem Anlagehorizont von einem Jahr ausgehen.

Die Sharpe Ratio setzt also die erwartete *Überrendite* $(\mu_i - r)$ ins Verhältnis zum **Gesamtrisiko** der Aktie, gemessen an der Standardabweichung der Rendite (σ_i). Somit wird der Einsatz des Investors im Gegensatz zum ROE nicht an seinem Kapitaleinsatz, sondern an seinem **Risikoeinsatz** gemessen. Je höher die Sharpe Ratio, desto rentabler die betreffende Aktie, denn der Aktionär erhält dann umso mehr Profit im Vergleich zum Risiko, welches er eingeht.

Übungsaufgabe 4.13

Wie können wir σ_i^2 in einen systematischen und einen unsystematischen Teil zerlegen? ◄

Angenommen, der Investor möchte sein Vermögen lediglich in eine einzige Aktie investieren. Außerdem zieht er den Geldmarkt in Betracht, auf dem er zu dem Zinssatz r Geld risikolos anlegen und aufnehmen kann. Sei $w \geq 0$ das Portfoliogewicht der betrachteten Aktie, d. h., der Investor steckt den Anteil $1 - w$ in den Geldmarkt. Somit beträgt die erwartete Rendite seines Portfolios gerade

$$\mu_P = (1 - w)\, r + w\mu_i$$

und die Standardabweichung der Portfoliorendite ist

$$\sigma_P = \sqrt{w^2 \sigma_i^2} = w\sigma_i.$$

Der Investor ist risikoavers und möchte nicht mehr als $\kappa > 0$ Standardabweichung in Kauf nehmen. D. h., es muss

$$w\sigma_i \leq \kappa \quad \Rightarrow \quad w \leq \frac{\kappa}{\sigma_i}$$

gelten. Dafür erhält er die erwartete Rendite

$$\mu_P = \left(1 - \frac{\kappa}{\sigma_i}\right) r + \frac{\kappa \mu_i}{\sigma_i} = r + \kappa \cdot \underbrace{\frac{\mu_i - r}{\sigma_i}}_{= \mathrm{Sh}_i}.$$

Sofern der Investor also lediglich eine einzige Aktie in Betracht zieht, sollte er, unabhängig von seiner individuellen Abneigung gegen das Risiko, **immer** die Aktie mit der höchsten Sharpe Ratio wählen.

Beispiel 4.8

Ein Investor möchte sein Vermögen entweder in Aktie A oder in Aktie B investieren. Es gilt:

- $\mu_A = 0{,}12$ und $\sigma_A = 0{,}25$ sowie
- $\mu_B = 0{,}08$ und $\sigma_B = 0{,}12$.

Der Investor hat außerdem die Möglichkeit einer risikolosen Geldanlage und Kreditaufnahme zu einem Zinssatz von $r = 0{,}02$. Für welche Aktie (nebst risikoloser Geldanlage oder Kreditaufnahme) sollte er sich entscheiden? Um diese Frage zu beantworten, müssen wir lediglich die Sharpe Ratios der beiden Aktien miteinander vergleichen:

- $\mathrm{Sh}_A = (0{,}12 - 0{,}02)/0{,}25 = 0{,}4$
- $\mathrm{Sh}_B = (0{,}08 - 0{,}02)/0{,}12 = 0{,}5$

Folglich sollte er sich für Aktie B entscheiden, obwohl diese Aktie eine geringere erwartete Rendite aufweist. ◄

In Abb. 1.8 haben wir bereits gesehen, dass die Sharpe Ratio einer Aktie maßgeblich von der Korrelation ihrer Rendite (R_i) und der Rendite des Marktportfolios (R_M) abhängt:

$$\text{Sh}_i = \rho_{iM}\,\text{Sh}_M.$$

Somit können wir aber auch nicht erwarten, dass eine Aktie mit einem geringen systematischen Risiko eine hohe Sharpe Ratio hat.

▶   Die Korrelation ist gerade bei jenen Aktiengesellschaften niedrig, die aus dem Blickwinkel einer wertorientierten Unternehmenssteuerung zu bevorzugen sind. Somit weisen diese eine kleine Sharpe Ratio auf.

Aus diesem Grund stellt die Sharpe Ratio aus der Sicht einer wertorientierten Unternehmenssteuerung kein geeignetes Erfolgsmaß dar.

Treynor Ratio
Aus dem CAPM folgt, dass die Investoren eben **nicht** lediglich eine einzige Aktie in Betracht ziehen. Vielmehr besteht die zentrale Erkenntnis ja gerade darin, dass sich alle Investoren für das Marktportfolio (zuzüglich einer risikolosen Geldanlage bzw. Kreditaufnahme) entscheiden. Wir haben diesen Effekt in Abschn. 1.2.2 als *Tobin-Separation* bezeichnet.
    Im Marktgleichgewicht muss bekanntlich die CAPM-Gleichung

$$\mu_i = r + \beta_i\left(\mu_M - r\right) \tag{4.1}$$

erfüllt sein. Somit muss

$$\text{Tr}_i := \frac{\mu_i - r}{\beta_i} = \mu_M - r$$

gelten. Wir bezeichnen den Quotienten Tr_i als *Treynor Ratio*. Die Treynor Ratio setzt also die erwartete Überrendite – im Gegensatz zur Sharpe Ratio – nicht zum Gesamtrisiko, sondern zum **systematischen Risiko** der Aktie ins Verhältnis. Das systematische Risiko wird hierbei durch das Beta (β_i) der betreffenden Aktie zum Ausdruck gebracht. Somit berücksichtigt die Treynor Ratio den Diversifikationseffekt einer Aktie, falls der Investor das Marktportfolio wählt.
    Im Marktgleichgewicht haben alle Aktien dieselbe Treynor Ratio. Sie beträgt in diesem Fall gerade $\mu_M - r$ und entspricht somit der erwarteten Überrendite des Marktportfolios. Befindet sich der Kapitalmarkt hingegen nicht im Gleichgewicht, so können die Treynor Ratios der Aktien voneinander abweichen. In diesem Fall sollte ein Investor solche Aktien bevorzugen, die eine möglichst große Treynor Ratio aufweisen. Zumindest sollte die Treynor Ratio die erwartete Überrendite des Marktportfolios nicht unterschreiten.

Übersteigt die Treynor Ratio einer Aktie die erwartete Überrendite des Marktportfolios, so gilt diese Aktie als unterbewertet. Dementsprechend gilt sie als überbewertet, wenn die Treynor Ratio die erwartete Überrendite des Marktportfolios unterschreitet. Schreiben wir den Unternehmenserfolg der AG zu, so erhalten wir die folgende Nomenklatur:

$$
\begin{array}{ll}
\text{Tr}_i > \mu_M - r & \text{Überperformer} \\
\text{Tr}_i = \mu_M - r & \text{Normalperformer} \\
\text{Tr}_i < \mu_M - r & \text{Unterperformer}
\end{array}
$$

Wir sollten also in Überperformer investieren und Unterperformer meiden.

Fassen wir die erwartete Rendite in Gl. 4.1 als Funktion von β_i auf, so erhalten wir die sogenannte *Wertpapiermarktlinie*. Im Normalfall liegen alle Aktien mit ihren μ-β-Kombinationen auf der Wertpapiermarktlinie. Liegt eine Aktie stattdessen drüber, so ist sie unterbewertet, andernfalls ist sie überbewertet. Es kommt also nicht alleine auf die erwartete Rendite einer Aktie an. D. h., eine Aktie kann ein Überperformer sein, obwohl sie im Vergleich zu einem Unterperformer eine **kleinere** erwartete Rendite aufweist. Abb. 4.5 verdeutlicht diesen Sachverhalt.

Beispiel 4.9

Ein Investor betrachtet drei Aktien mit den Parametern

- $\mu_A = 0{,}20$, $\sigma_A = 0{,}30$ und $\beta_A = 1$,
- $\mu_B = 0{,}25$, $\sigma_B = 0{,}20$ und $\beta_B = 2$,
- $\mu_C = 0{,}05$, $\sigma_C = 0{,}15$ und $\beta_C = 0{,}25$.

Abb. 4.5 Wertpapiermarktlinie mit Marktportfolio (M) sowie Über- und Unterperformer

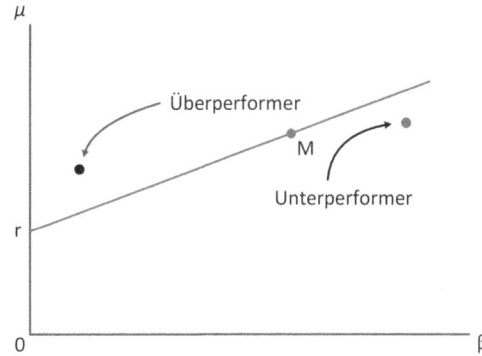

Darüber hinaus gilt $r = 0,05$ sowie

- $\mu_M = 0,15$ und $\sigma_M = 0,30$.

Bezüglich der Sharpe Ratios erhalten wir also

$$\text{Sh}_A = \frac{0,20 - 0,05}{0,30} = 0,5,$$

$$\text{Sh}_B = \frac{0,25 - 0,05}{0,20} = 1,$$

$$\text{Sh}_C = \frac{0,05 - 0,05}{0,15} = 0,$$

wonach Aktie B zu bevorzugen wäre. Die dazugehörigen Treynor Ratios lauten jedoch

$$\text{Tr}_A = \frac{0,20 - 0,05}{1} = 0,15,$$

$$\text{Tr}_B = \frac{0,25 - 0,05}{2} = 0,10,$$

$$\text{Tr}_C = \frac{0,05 - 0,05}{0,25} = 0.$$

Demnach ist Aktie A also ein Überperformer, wohingegen Aktie B lediglich auf der Wertpapiermarktlinie liegt. Aktie C sollten wir meiden, da sie unter der Wertpapiermarktlinie liegt. ◂

Die Treynor Ratio stellt aus unserer Sicht im Vergleich zur Sharpe Ratio eine Verbesserung dar, denn sie trägt dem systematischen Risiko eines Unternehmens Rechnung. Nichtsdestotrotz erweist sich die Treynor Ratio als unbrauchbar, sobald das Beta einer AG nicht mehr positiv ist:

- Für $\beta_i = 0$ lässt sich die Treynor Ratio gar nicht berechnen und
- im Fall $\beta_i < 0$ erhalten wir bei einer positiven erwarteten Überrendite der Aktie (d.h. $\mu_i > r$) eine **negative** Treynor Ratio.

Somit ist auch die Treynor Ratio aus dem Blickwinkel einer wertorientierten Unternehmenssteuerung kein sinnvolles Erfolgsmaß.

Jensens Alpha
Wir können die Überrendite einer Aktie stets wie folgt darstellen:

$$R_i - r = \alpha_i + \beta_i(R_M - r) + \varepsilon_i.$$

Hierbei handelt es sich um eine lineare Regression mit $E(\varepsilon_i) = \mathrm{Cov}(R_M, \varepsilon_i) = 0$. Wir bezeichnen den Achsenabschnitt α_i als *Jensens Alpha*.

Offenbar erhalten wir damit die Gleichung

$$\mu_i - r = \alpha_i + \beta_i(\mu_M - r).$$

Laut Gl. 4.1 muss im Marktgleichgewicht stets $\alpha_i = 0$ gelten. Jensens Alpha quantifiziert also gerade jenen Teil der erwarteten Überrendite der Aktie i (sprich: $\mu_i - r$), welchen wir durch das CAPM nicht erklären können.

Falls das Alpha einer Aktie positiv ist, so sehen wir sie als unterbewertet an, wohingegen sie bei einem negativen Alpha überbewertet ist. Im Normalfall ist Jensens Alpha jedoch gleich null. Wir können das Ganze nun wieder auf das Unternehmen selbst zurückführen:

$\alpha_i > 0$	Überperformer
$\alpha_i = 0$	Normalperformer
$\alpha_i < 0$	Unterperformer

Um Jensens Alpha zu ermitteln, regressieren wir die vergangenen Überrenditen der Aktie auf die vergangenen Überrenditen des Marktportfolios. Das Alpha ist der aus der linearen Regression resultierende Achsenabschnitt (vgl. Abb. 4.6). Die Investoren sollten Aktien mit einem möglichst großen Alpha bevorzugen.

Abb. 4.6 Jensens Alpha nach einer linearen Regression

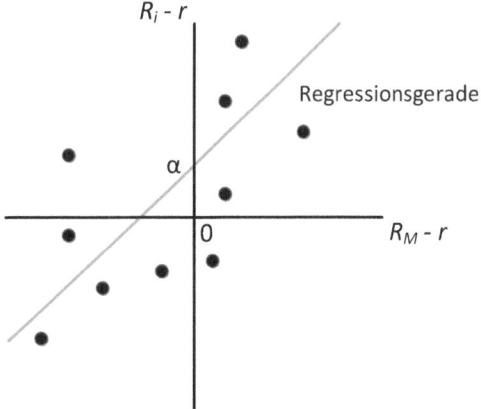

Beispiel 4.10

Wir betrachten wieder die drei Aktien aus dem letzten Beispiel und stellen fest, dass

- $\alpha_A = 0{,}05$,
- $\alpha_B = 0$ und
- $\alpha_C = -0{,}025$

gilt. Somit sollten wir Aktie A bevorzugen und Aktie C meiden. ◄

In der Fondsindustrie hat sich der Begriff „Alpha-Strategie" durchgesetzt. Der Fonds-manager versucht dabei ein Portfolio zusammenzustellen, bei dem die Portfoliorendite ein positives Alpha und ein Beta von null aufweist. Er kann das Beta, z. B. durch den Einsatz von Finanzderivaten, relativ leicht eliminieren. Als ungleich schwieriger erweist sich hingegen die Erzeugung eines positiven Alphas. Sollte das Unterfangen jedoch gelingen, so erhalten die Investoren die Überrendite

$$R_P - r = \alpha_P + \varepsilon_P, \qquad \alpha_P > 0.$$

Somit können sie sowohl in guten als auch in schlechten Zeiten im Durchschnitt eine positive Überrendite erzielen, denn die Rendite einer sogenannten „Alpha-Strategie" hängt offenbar nicht von der Rendite des Marktportfolios ab.

Die Vorteile von Jensens Alpha liegen auf der Hand:

- Wir ignorieren den Teil der erwarteten Überrendite eines Unternehmens, welchen die Marktteilnehmer, gemessen am **systematischen** Risiko der betreffenden Aktie, im Nor-malfall erwarten dürfen.
- Stattdessen betrachten wir nur den Teil der erwarteten Überrendite, welcher übrig bleibt, nachdem wir die **marktübliche Prämie** für das systematische Risiko abgezogen haben.

Da das Alpha auch negative systematische Risiken belohnt, trägt es einer wertorientierten Unternehmenssteuerung Rechnung. Jensens Alpha kann selbst dann noch positiv sein, wenn die erwartete Rendite der betrachteten Aktie den risikolosen Zinssatz unterschreitet (d. h. wenn $\mu_i < r$), vorausgesetzt, das Beta der Aktie ist negativ:

$$a_i > 0 \quad \Leftrightarrow \quad \beta_i < \frac{\mu_i - r}{\mu_M - r}.$$

Unternehmen, die zu einer starken Reduktion des Gesamtrisikos der Investoren beitragen, müssen also nicht zwangsläufig mehr als den risikolosen Zinssatz erwirtschaften, um als erfolgreich zu gelten.

4.3 Zusammenfassung

Wir unterscheiden zwischen der Risikotoleranz und dem Risikoappetit eines Unternehmens. Die Risikotoleranz ist der Anteil des Eigenkapitals, den das Risikokapital des Unternehmens nicht überschreiten darf, während der Risikoappetit der tatsächliche Anteil des Risikokapitals am Eigenkapital ist. Die Kapitalallokation des Unternehmens muss stets so beschaffen sein, dass es tragfähig ist, d. h., das Risikokapital des Unternehmens darf das Eigenkapital nicht überschreiten. Im Sinne einer optimalen Kapitalallokation, sollte das Risikokapital gerade dem Eigenkapital entsprechen. Ferner können wir fordern, dass das Risikokapital der Geschäftsbereiche, in denen sich das Unternehmen engagiert, das jeweilige Investitionsvolumen nicht unterschreitet. Sind diese beiden Anforderungen erfüllt, so handelt es sich bei der gegebenen Allokation um eine Zuteilung. Wir messen den Erfolg eines Unternehmens anhand von Erfolgsmaßen und unterscheiden dabei zwischen buchhalterischen, risikobasierten und marktorientierten Erfolgsmaßen. Buchhalterische Erfolgsmaße beruhen auf dem ROI, welcher den Gewinn des Unternehmens ins Verhältnis zum Kapitaleinsatz setzt. Wir erhalten dabei den ROE, sofern wir uns auf das Eigenkapital beziehen, bzw. den ROA, falls wir uns stattdessen auf das Gesamtkapital beziehen. Risikobasierte Erfolgsmaße tragen, im Gegensatz zu buchhalterischen Erfolgsmaßen, dem Risikokapital Rechnung. Der RAROC setzt den ökonomischen Mehrwert des Unternehmens ins Verhältnis zum Eigenkapital, während der RORAC gerade dem erwirtschafteten Gewinn je Einheit Risikokapital entspricht. Falls das Unternehmen kein Exzesskapital vorhält, können wir die risikobasierten Erfolgsmaße jedoch auf buchhalterische Erfolgsmaße zurückführen. Marktorientierte Erfolgsmaße basieren nicht auf der Bilanz oder auf dem Risikokapital eines Unternehmens, sondern auf dem CAPM. Die Sharpe Ratio setzt dabei die erwartete Überrendite einer Aktie ins Verhältnis zum Gesamtrisiko, während die Treynor Ratio das Beta der Aktie als Bezugsgröße nimmt. Jensens Alpha misst hingegen den Teil der erwarteten Überrendite einer Aktie, der über die marktübliche Risikoprämie hinausgeht. Die Sharpe Ratio berücksichtigt nicht den potenziellen Diversifikationseffekt einer Aktie im Rahmen eines Portfolios. Somit ist sie aus der Sicht einer wertorientierten Unternehmenssteuerung ungeeignet. Die Treynor Ratio berücksichtigt zwar das systematische Risiko einer Aktie, entpuppt sich jedoch bei systematischen Risiken kleiner oder gleich null als ungeeignet. Lediglich Jensens Alpha erfüllt die Anforderungen einer wertorientierten Unternehmenssteuerung.

4.4   Übungsaufgaben

Die Restaurant-Kette Campus Burger GmbH verfügt über vier Geschäftsbereiche (Geldbeträge in Mio. €):

	Kasse	Unis	Innenstädte	Vorstädte
x_i	18	90	60	32
$\frac{\partial \rho(A)}{\partial x_i}$	0	0,2	0,5	1,0

Das Eigenkapital beträgt 100 Mio. €.

a) Wie groß ist der Risikoappetit von Campus Burger?
b) Handelt es sich bei der gegebenen Allokation um eine Zuteilung?
c) Auf welche Weise könnte Campus Burger sein Exzesskapital durch eine Kapitalumschichtung verringern? ◄

Die Campus Burger GmbH betreibt insgesamt 80 Restaurants. Jedes Restaurant macht einen Umsatz i. H. v. 1,2 Mio. €/Jahr. Die Kosten für Rohstoffe und Vorprodukte betragen für jedes Restaurant 300.000 €/Jahr. Die Restaurantmiete beläuft sich auf 100.000 €/Jahr und die Personalkosten betragen für jedes Restaurant 250.000 €/Jahr. Das Unternehmen muss insgesamt 4 Mio. €/Jahr abschreiben. Darüber hinaus belaufen sich die Zinsen des Unternehmens auf 10 Mio. €/Jahr.

a) Berechnen Sie den Gewinn der Campus Burger GmbH.
b) Berechnen Sie die Umsatzrendite, den Kapitalumschlag (bezogen auf das Eigenkapital), den ROE sowie den ROA der Restaurant-Kette. Gehen Sie dabei von den in Übungsaufgabe 4.14 gemachten Angaben aus.
c) Die Hurdle Rate des Unternehmens beträgt 20 %. Berechnen Sie den RAROC und den RORAC der Campus Burger GmbH. Hat das Unternehmen einen ökonomischen Mehrwert erwirtschaftet? ◄

Übungsaufgabe 4.16

Ein Investor betrachtet drei Aktien mit den folgenden Parametern:

- $\alpha_A = 0$, $\beta_A = 1{,}5$ und $\sigma_A = 0{,}30$,
- $\alpha_B = 0{,}025$, $\beta_B = 0{,}5$ und $\sigma_B = 0{,}25$,
- $\alpha_C = -0{,}02$, $\beta_C = 1$ und $\sigma_C = 0{,}20$.

Darüber hinaus gilt $r = 0{,}05$ sowie

- $\mu_M = 0{,}10$ und $\sigma_M = 0{,}20$.

a) Berechnen Sie die erwarteten Renditen der einzelnen Aktien.
b) Beurteilen Sie die Aktien anhand der Sharpe Ratio, der Treynor Ratio sowie Jensens Alpha. ◄

Wertorientierte Unternehmenssteuerung 5

In Kap. 1 haben wir gelernt, dass die Investoren bei der Bewertung einer Aktie lediglich das systematische Risiko in Betracht ziehen, denn unsystematische Risiken können sie
einfach „wegdiversifizieren". Gilt das Gleiche auch für Industrie- und Dienstleistungsunternehmen? Solche Unternehmen agieren nicht wie Investoren. Sie versuchen ihr Vermögen
i. d. R. nicht am Kapitalmarkt zu vermehren und machen somit auch nicht vom Instrument
der Diversifikation Gebrauch. Ihre Aufgabe besteht vielmehr darin, sich auf ihre *Kernkompetenzen* zu konzentrieren und eine langfristige Wertsteigerung zu realisieren. Im Gegensatz zu
seinen Investoren geht ein Unternehmen bewusst ein unsystematisches Risiko ein. Darüber
hinaus ist das Unternehmen natürlich auch dem systematischen Risiko ausgesetzt.

Durch die Wahl des Investitionsprogramms bestimmt der Manager an welcher Stelle
das Unternehmen im μ-σ-Koordinatensystem platziert ist. Je weiter sich das Unternehmen
„links oben" befindet, desto attraktiver ist es für die Investoren. Wir wissen jedoch auch, dass

die Position im μ-σ-Koordinatensystem für sich genommen nicht allzu viel über den daraus resultierenden Nutzen eines Investors aussagt: Ein Unternehmen, dessen μ-σ-Kombination relativ schlecht erscheint, kann dennoch sehr wertvoll sein, sofern die betreffenden Risiken schwach oder gar negativ mit dem Marktportfolio korreliert sind. Es kommt also auch darauf an, dass das systematische Risiko des Unternehmens möglichst gering ist.

Der Manager sollte ebenso dafür sorgen, dass das Unternehmen nicht eines Tages insolvent wird. Das risikotragende Kapital des Unternehmens muss also hinreichend groß sein. ERM verfolgt somit die folgenden Ziele:

1. eine langfristige Wertsteigerung bei einem
2. hinreichend kleinen Insolvenzrisiko.

Im Gegensatz zum traditionellen Risikomanagement betrachten wir dabei die Risiken eines Unternehmens nicht isoliert voneinander. Stattdessen vertreten wir eine holistische Sichtweise, indem wir die bestehenden Risiken *aggregieren,* um sowohl *Klumpenrisiken* als auch Diversifikationspotenziale ausfindig zu machen. ERM ist allerdings kein feststehender Begriff. Er zeichnet sich eher durch eine Vielzahl loser Richtlinien aus, die wir gemeinhin dem ERM subsumieren können. Das Committee of Sponsoring Organizations of the Treadway Commission *(COSO)* ist eine Institution, welche sich zum Ziel gesetzt hat, ein einheitliches Regelwerk für das ERM zu schaffen (COSO 2004).

5.1   Das COSO-Regelwerk

Die folgenden Ausführungen beziehen sich auf COSO (2004). Darin wird der Begriff ERM wie folgt definiert:

> „Unternehmensweites Risikomanagement ist ein Prozess, ausgeführt durch Überwachungs- und Leitungsorgane, Führungskräfte und Mitarbeiter einer Organisation, angewandt bei der Strategiefestlegung sowie innerhalb der Gesamtorganisation, gestaltet um die die Organisation beeinflussenden, möglichen Ereignisse zu erkennen, und um hinreichende Sicherheit bezüglich des Erreichens der Ziele der Organisation zu gewährleisten."

Diese Definition ist bewusst allgemein gehalten und muss im Einzelfall konkretisiert werden.

Die grundlegende Annahme des Enterprise Risk Managements besteht darin, dass das Unternehmen Mehrwert schaffen möchte. Wie wir wissen, sind Unternehmen jedoch Risiken ausgesetzt. Der Manager muss daher zunächst die Risikotoleranz seiner Investoren ermitteln. In Abschn. 4.1.1 haben wir die Risikotoleranz (τ) eines Unternehmens gleich 1 gesetzt, d. h., wir gehen implizit davon aus, dass das Eigenkapital des Unternehmens entweder eine innerbetriebliche oder eine gesetzlich festgelegte Obergrenze des Risikokapitals darstellt.

Das COSO-Regelwerk zielt nun auf eine langfristige Wertsteigerung des Unternehmens innerhalb der festgelegten Obergrenze ab. Demnach wird der Unternehmenswert maximiert, wenn der Manager Strategien und Ziele verfolgt, welche ein optimales Gleichgewicht zwischen Wachstum und Profit sowie den damit einhergehenden Risiken ermöglichen. Zu diesem Zweck soll er die folgenden Regeln einhalten:

1. **Systematisches Risiko:** Der Manager soll das systematische Risiko des Unternehmens bei der Beurteilung strategischer Alternativen, bei der Zielsetzung und bei der Entwicklung von Mechanismen zur Steuerung der damit einhergehenden Risiken in Betracht ziehen.
2. **Extreme Risiken:** Der Manager soll extreme Risiken erkennen und in der Lage sein, gegebenenfalls Maßnahmen einzuleiten, um die damit einhergehenden Verluste zu verringern. Auf diese Weise soll das Insolvenzrisiko des Unternehmens eingeschränkt werden.
3. **Risikosteuerung:** Das ERM bedient sich der folgenden Instrumente der Risikosteuerung: *Risikolimitation, Risikoreduktion, Risikodiversifikation* und *Risikokompensation.*[1]
4. **Risikoaggregation:** Um Klumpenrisiken zu vermeiden und Diversifikationspotenziale ausfindig zu machen, soll er die Risiken des Unternehmens in aggregierter Form betrachten.
5. **Wertsteigerung:** Der Manager soll in der Lage sein, rentable Investitionsprojekte zu erkennen und proaktiv umzusetzen, um somit eine langfristige Wertsteigerung des Unternehmens herbeizuführen.
6. **Kapitalallokation:** Der Manager soll bei der Verfolgung seiner Ziele eine möglichst optimale Kapitalallokation anstreben.

COSO (2004) unterscheidet generell zwischen drei Dimensionen des ERM:

1. Zielsetzung
2. Risikomanagement
3. Organisationseinheiten

Bezüglich der Dimension „Zielsetzung" existieren vier Ausprägungen:

1. **strategisch:** übergeordnete, langfristige Ziele des Unternehmens
2. **betrieblich:** untergeordnete, kurz- und mittelfristige Ziele des Unternehmens
3. **Berichterstattung:** Zuverlässigkeit hinsichtlich der Dokumentationspflichten des Unternehmens
4. **Regeleinhaltung:** Beachtung anwendbarer Gesetze sowie externer und interner Vorschriften

---

[1]Vgl. dazu die Ausführungen zur Risikosteuerung bei Banken in Abschn. 1.1.1.

Die Dimension „Risikomanagement" besteht aus acht Komponenten:

1. **Internes Umfeld:** Die Unternehmenskultur bildet die Grundlage dafür, wie Risiken durch die Mitarbeiter des Unternehmens betrachtet und behandelt werden.
2. **Zieldeklaration:** Die oben genannten Ziele müssen **im Vorfeld** eindeutig deklariert werden.
3. **Ereignisidentifikation:** Mögliche Ereignisse, die das Erreichen der Ziele des Unternehmens beeinflussen können, müssen wiederum **im Vorfeld** identifiziert werden.[2]
4. **Risikobeurteilung:** Die identifizierten Ereignisse werden hinsichtlich ihrer Eintrittswahrscheinlichkeit und möglichen Auswirkung auf den Erfolg des Unternehmens untersucht.
5. **Risikosteuerung:** Das Unternehmen bedient sich der oben genannten Instrumente der Risikosteuerung.
6. **Implementation:** Ein internes Verfahren soll sicherstellen, dass die Richtlinien wirkungsvoll umgesetzt werden.
7. **Transparenz:** Die Richtlinien sollen zudem transparent an die Mitarbeiter kommuniziert werden.
8. **Überwachung:** Das Risikomanagement wird permanent überwacht, um bei Bedarf erforderliche Anpassungen vorzunehmen.

Die Dimension „Organisationseinheiten" beinhaltet wiederum vier Ausprägungen:

1. Gesamtunternehmen
2. Geschäftsbereich
3. Geschäftseinheit
4. Niederlassung

ERM vollzieht sich entlang aller drei Dimensionen. Ein Unternehmen muss im Rahmen seines Enterprise Risk Managements z. B. seine betrieblichen Ziele für jeden GB deklarieren oder eine Risikobeurteilung bezüglich der strategischen Ziele des Gesamtunternehmens vornehmen. Sie finden eine grafische Illustration dieses Konzepts in Abb. 5.1.

Übungsaufgabe 5.1

Denken Sie sich drei beliebige Kombinationen im COSO-Würfel des fiktiven Elektrogeräteherstellers Rhein Elektronik AG aus. Tipp: Nehmen Sie an, dass das Unternehmen auch im Ausland tätig ist. ◄

---

[2]Vgl. dazu die Ausführungen in Abschn. 3.2.2.

Abb. 5.1 COSO-Würfel

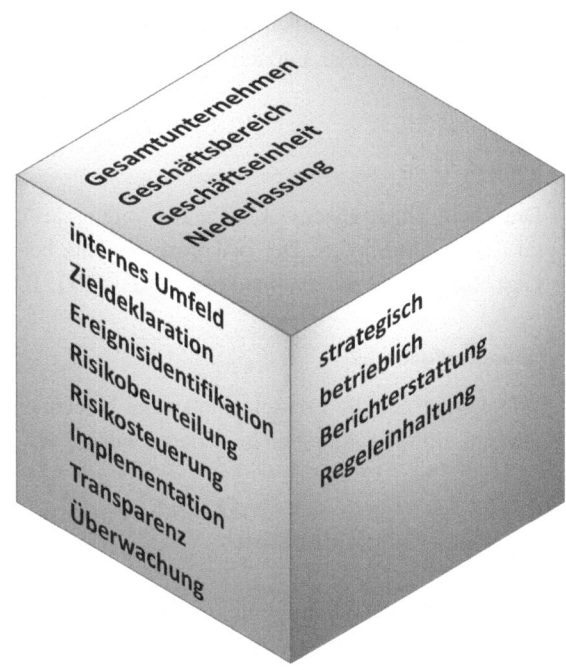

5.2 Kapitalkosten

Bevor wir uns der wertorientierten Unternehmenssteuerung widmen, klären wir den Begriff der *Kapitalkosten*. Wir ignorieren hierbei Steuern, d. h., wir gehen o. B. d. A. von einem Steuersatz i. H. v. null aus.

5.2.1 Fremdkapitalkosten

Wir haben den Begriff des Fremdkapitals bereits ausführlich in Abschn. 3.1.2 behandelt und gehen nun der Einfachheit halber davon aus, dass es sich dabei um ein Darlehen handelt. Greift das Unternehmen auf ein Darlehen zurück, so muss es Zinsen zahlen. In den meisten Fällen handelt es sich um ein festverzinsliches Darlehen. Die anfallenden Zinsen sind die Kosten des aufgenommenen Fremdkapitals. Tilgungen zählen jedoch **nicht** zu den Fremdkapitalkosten. Es gilt somit

Fremdkapitalkosten = Fremdkapital · risikoloser Zinssatz.

Formal betragen die Fremdkapitalkosten also gerade Dr, wobei D das Fremdkapital und r der risikolose Zinssatz ist. Letzterer stellt also im Folgenden unseren *Fremdkapitalkostensatz* dar.

Beispiel 5.1

Die Rhein Elektronik AG verfügt am Anfang des Geschäftsjahres über ein Fremdkapital i. H. v. 200 Mio. €. Der risikolose Zinssatz beträgt 5 %. Somit fallen am Ende des Geschäftsjahres Fremdkapitalkosten i. H. v. $200 \cdot 0{,}05 = 10$ Mio. € an. ◄

Übungsaufgabe 5.2

Wie würden Sie die Fremdkapitalkosten berechnen, falls sich das Unternehmen durch die Emission von Anleihen finanzieren würde? ◄

5.2.2   Eigenkapitalkosten

Damit das Unternehmen tragfähig ist, müssen die Investoren über eine hinreichend große Menge an Eigenkapital verfügen. Zum einen verlangen die Eigenkapitalgeber für das eingesetzte Kapital den risikolosen Zinssatz, denn sie hätten ja einen risikolosen Ertrag erwirtschaften können, wenn sie sich nicht für eine Investition in das Unternehmen, sondern für eine Anlage am Geldmarkt entschieden hätten.[3] Die Eigenkapitalgeber haben also *Opportunitätskosten* i. H. v. Er, wobei E das Eigenkapital des Unternehmens darstellt. Zum anderen wollen die Eigenkapitalgeber aber auch für das eingegangene Risiko entlohnt werden. Sie verlangen also eine *Risikoprämie* i. H. v. Ep mit $p \geq 0$. Auf diese Weise erhalten wir die

Eigenkapitalkosten = Opportunitätskosten + Risikoprämie.

Wir können die Eigenkapitalkosten also durch $E(r + p)$ ausdrücken, wobei $r + p$ der *Eigenkapitalkostensatz* ist. Falls kein Exzesskapital vorhanden ist ($E = \rho(A)$), entspricht der Eigenkapitalkostensatz gerade der *Hurdle Rate* der Eigenkapitalgeber.[4]

Beispiel 5.2

Die Rhein Elektronik AG verfügt über ein Eigenkapital i. H. v. 300 Mio. €. Der risikolose Zinssatz beträgt 5 % und die Investoren verlangen eine Risikoprämie i. H. v. 15 %. Die Eigenkapitalkosten belaufen sich somit auf $300 \cdot (0{,}05 + 0{,}15) = 60$ Mio. €. ◄

---

[3]Wir haben dieses Argument bereits in Abschn. 2.3 verwendet.
[4]Vgl. dazu die Ausführungen in Abschn. 4.2.2.

Handelt es sich bei den Eigenkapitalkosten um einen Aufwand im Sinne der Finanzbuchhaltung? ◄

Die bisherige Definition des Eigenkapitalkostensatzes ist rein buchhalterisch; sie bezieht sich also auf den **Buchwert** des Eigenkapitals und nicht auf dessen **Marktwert** V („Value"). Für eine wertorientierte Unternehmenssteuerung bietet sich jedoch eine alternative Definition an, welche sich am Marktwert und nicht am Buchwert orientiert. Wir können hierbei z. B. die vereinfachende Annahme treffen, dass das Unternehmen bereits nach einem Jahr liquidiert wird. Bei der Liquidation werden zunächst die Gläubiger bedient. Erst danach wird den Eigentümern des Unternehmens der ihnen zustehende Betrag ausgezahlt. Wir können aber auch lediglich annehmen, dass die Eigenkapitalgeber ihre Anteile nach einem Jahr am Kapitalmarkt veräußern und dabei den Preis $\widetilde{V}$ erzielen. Wir sprechen dabei allgemein von dem *Endwert* („Final Value") des Eigenkapitals.

▶ Der Endwert beinhaltet nicht nur den Gewinn des Unternehmens, sondern auch die Opportunitätskosten sowie den ursprünglich investierten Betrag der Eigenkapitalgeber.

In jedem Fall besteht das Problem darin, dass die Investoren gegenwärtig gar nicht wissen können, welche Auszahlung ihnen in einem Jahr bevorsteht. Somit stellt $\widetilde{V}$ eine **Zufallsvariable** dar. Die Investoren ziehen daher den Erwartungswert $\mathrm{E}(\widetilde{V})$ heran. Der Eigenkapitalkostensatz wird nun **implizit** durch den Marktwert des Eigenkapitals definiert:

$$V = \frac{\mathrm{E}(\widetilde{V})}{1+k} \quad \Rightarrow \quad k = \frac{\mathrm{E}(\widetilde{V})}{V} - 1 \, .$$

In diesem Zusammenhang bezeichnen wir den Eigenkapitalkostensatz k auch als *Kalkulationszinssatz*.

Handelt es sich bei dem betrachteten Unternehmen um eine AG, so können wir zur Ermittlung des Kalkulationszinssatzes auf das CAPM zurückgreifen (vgl. Abschn. 1.2.2). Der Kalkulationszinssatz beträgt demnach

$$k = r + \beta \, (\mu_M - r)$$

und hängt damit vom **systematischen** Risiko des Unternehmens, genauer gesagt vom Beta der betreffenden Aktie, ab. Das unsystematische Risiko spielt wiederum keine Rolle.

Die Aktionäre der Rhein Elektronik AG erwarten am Ende des Jahres einen Marktwert aller Aktien i. H. v. 420 Mio. €. Er beträgt gegenwärtig 350 Mio. €. Der Kalkulationszinssatz ist also

$$k = \frac{420}{350} - 1 = 20\,\%.$$

Dieser setzt sich wie folgt zusammen:

- Der risikolose Zinssatz beträgt $r = 0,05$.
- Die erwartete Rendite des Marktportfolios beträgt $\mu_M = 0,15$.
- Das Beta der Rhein-Elektronik-Aktie beträgt $\beta = 1,5$.

Wir erhalten somit

$$k = 0,05 + 1,5 \cdot (0,15 - 0,05) = 0,20\,.$$

Obwohl der Eigenkapitalkostensatz der gleiche ist, wie im Beispiel 5.2, betragen hier die Eigenkapitalkosten 70 Mio. € und nicht 60 Mio. €. ◄

5.2.3 Die gewichteten durchschnittlichen Kapitalkosten

Die gesamten Kapitalkosten betragen

$$E(r + p) + Dr\,.$$

Drücken wir diesen Betrag relativ zum Gesamtkapital $(E + D)$ aus, so erhalten wir den *gewichteten durchschnittlichen Kapitalkostensatz* („Weighted Average Cost of Capital"):

$$\text{WACC} := \frac{E(r + p) + Dr}{E + D} = \frac{E}{E + D}\,(r + p) + \frac{D}{E + D}\,r$$
$$= r + \frac{E}{E + D}\,p\,.$$

Es handelt sich hierbei um einen gewichteten arithmetischen Mittelwert: Wir gewichten den buchhalterischen Eigenkapitalkostensatz $(r + p)$ mit der *Eigenkapitalquote $E/(E + D)$* sowie den Fremdkapitalkostensatz (r) mit der *Fremdkapitalquote $D/(E+D)$*. Im letzten Teil der obigen Gleichung sehen wir, dass der gewichtete durchschnittliche Kapitalkostensatz linear mit der Eigenkapitalquote des Unternehmens wächst.

Übungsaufgabe 5.4

Stellen Sie die gewichteten durchschnittlichen Kapitalkosten grafisch als Funktion der Eigenkapitalquote dar. ◄

Beispiel 5.4

Der gewichtete durchschnittliche Kapitalkostensatz der Rhein Elektronik AG beträgt

$$\text{WACC} = \frac{300}{300 + 200} \cdot 0{,}2 + \frac{200}{300 + 200} \cdot 0{,}05 = 14\,\%.$$

◄

▶   Der gewichtete durchschnittliche Kapitalkostensatz bezieht sich auf das Gesamtkapital des Unternehmens. Insofern bildet es die Kapitalkosten **aller** Kapitalgeber ab.

Wir konzentrieren uns im Folgenden auf die Eigenkapitalgeber des Unternehmens, womit der gewichtete durchschnittliche Kapitalkostensatz für uns keine Bedeutung hat.

5.3   Das Kapitalwertprinzip

5.3.1   Buchwert vs. Marktwert

Wir haben bereits gesehen, dass wir strikt zwischen dem *Buchwert* und dem *Marktwert* eines Unternehmens unterscheiden müssen. Der Buchwert des Unternehmens beträgt

Buchwert = Eigenkapital + Fremdkapital

und entspricht somit gerade der Bilanzsumme des Unternehmens. Die Marktteilnehmer können dem Unternehmen jedoch einen völlig anderen Wert beimessen:

Marktwert = Wert aller Aktien + Wert aller Schulden.

Übungsaufgabe 5.5

Wovon hängt der Wert aller Schulden ab? Entspricht dieser Wert im Allgemeinen der Restschuld des Unternehmens? ◄

Der Buchwert eines Unternehmens weicht i. d. R. von seinem Marktwert ab. Er wird im Wesentlichen durch gesetzliche Vorgaben, insbesondere durch die jeweiligen Bilanzierungsvorschriften eines Landes, bestimmt. Nach herrschender Meinung spiegelt der Marktwert eines Unternehmens die Erwartungshaltung der Investoren hinsichtlich der **künftigen** Rückflüsse aus dem Unternehmen wider. Das gilt sowohl für das Eigenkapital als auch für das Fremdkapital. Die Zukunftserwartungen der Investoren

spielen beim Buchwert nur eine untergeordnete Rolle. Die Bilanzierung unterliegt
in Deutschland dem *Niederstwertprinzip,* wonach Aktiva entweder auf Basis ihrer
Anschaffungskosten oder ihres Marktwertes bewertet werden müssen, je nachdem,
welcher Wert **kleiner** ist. Daher ist der Buchwert eines Unternehmens typischerweise
kleiner als dessen Marktwert.

▶   Aufgrund der Diskrepanz zwischen Buchwert und Marktwert greifen wir im Rahmen
     dieses Buches nicht auf die buchhalterische Definition der Eigenkapitalkosten zurück.
     Wir verfolgen vielmehr den Ansatz, welcher sich am Marktwert des Eigenkapitals
     orientiert.

5.3.2 Risikoadjustierte Bewertung

Wir nehmen an, dass es sich bei dem betrachteten Unternehmen um eine AG handelt und
können somit auf das CAPM zurückgreifen. Der gegenwärtige Marktwert aller Aktien des
Unternehmens beträgt somit

$$V = \frac{\mathrm{E}(\widetilde{V})}{1 + r + \beta\,(\mu_M - r)}\,.$$

Da V maßgeblich vom systematischen Risiko (β) des Unternehmens abhängt, sprechen wir
hierbei von einer *risikoadjustierten Bewertung.*

Übungsaufgabe 5.6

Welche Stellschrauben hat ein Manager, um den Marktwert seines Unternehmens bei
gegebener Kapitalausstattung zu verändern? ◀

Die grundsätzliche Idee einer wertorientierten Unternehmenssteuerung besteht nun darin,
den Marktwert des Eigenkapitals zu maximieren und dabei gleichzeitig das Insolvenzrisiko
einzuschränken. Es kommt also darauf an, dass wir mit den gegebenen Mitteln

1. möglichst viel Profit erzielen sowie
2. das systematische Risiko klein halten, ohne dabei
3. das Verlustrisiko aus den Augen zu verlieren.

Beispiel 5.5

Die Rhein Elektronik AG hat die Wahl zwischen zwei Managern: Dr. Thorsten
Schlaumeier, ein ausgewiesener Top-Manager, und Kevin Kölsch, der Sohn des

Firmengründers. Dr. Schlaumeier leitet derzeit das Unternehmen, welches aktuell die im Beispiel 5.3 beschriebenen Kennzahlen aufweist. Die Aktionäre fragen sich jedoch, ob es nicht besser wäre, Herrn Kölsch ans Ruder zu lassen. Er hat bereits einen Business-plan vorgelegt, der mit der gegebenen Kapitalausstattung vereinbar ist. Außerdem wäre das Unternehmen nach der Umstrukturierung weiterhin tragfähig. Die Aktionäre erwarten demnach einen künftigen Marktwert i. H. v. 396 Mio. € und sie rechnen mit einem Beta von $\beta = 0,5$. Somit wäre der erwartete künftige Marktwert unter der Leitung von Kevin Kölsch kleiner als der erwartete künftige Marktwert aller Aktien unter der Leitung von Dr. Schlaumeier. Nach einer Umstrukturierung betrüge der heutige Marktwert aller Aktien

$$V = \frac{396}{1 + 0,05 + 0,5 \cdot (0,15 - 0,05)} = 360 \text{ Mio. €.}$$

Dieser übersteigt somit den heutigen Marktwert unter der Leitung von Dr. Schlaumeier. Aus der Sicht einer wertorientierten Unternehmenssteuerung weist Kevin Kölsch somit die bessere Strategie auf. ◄

Übungsaufgabe 5.7

Weshalb bewerten die Aktionäre das Investitionsprogramm von Herrn Kölsch höher, obwohl der zu erwartende künftige Preis aller Aktien kleiner ist? ◄

5.3.3   Der Kapitalwert einer Investition

Wir bezeichnen nun mit $\widetilde{V}_{\text{alt}}$ den Wert aller Aktien am Ende des Jahres, falls sich am Investitionsprogramm des Unternehmens bis dahin nichts ändert. Der Manager besitzt jedoch eine Investitionsalternative, welche zu dem Endwert $\widetilde{V}_{\text{neu}}$ führen würde. Zu diesem Zweck würden die Aktionäre den Betrag I zuschießen.

▶ Der Betrag I bezieht sich nur auf die zusätzliche Menge an **Eigenkapital.** Wir ignorieren allerdings das zusätzliche **Fremdkapital,** da dieses den Gläubigern und nicht den Aktionären gehört.

Aktiengesellschaften nehmen nur selten zusätzliches Eigenkapital auf. Das Prozedere einer *Kapitalerhöhung* ist nämlich recht kompliziert:

• Bei einer ordentlichen Kapitalerhöhung beschließen die Aktionäre neue Aktien auszugeben. Die bisherigen Aktionäre erhalten dann ein sogenanntes *Bezugsrecht.*

- Bei einer genehmigten Kapitalerhöhung wird der Vorstand ermächtigt, für eine Dauer von höchstens fünf Jahren das Grundkapital durch Emission neuer Aktien um einen festgelegten Nennbetrag zu erhöhen.
- Eine bedingte Kapitalerhöhung ist nur für bestimmte Zwecke vorgesehen. Außerdem darf der Betrag die Hälfte des gezeichneten Kapitals nicht überschreiten.

Voraussetzung für die Kapitalerhöhung ist in jedem Fall ein Hauptversammlungsbeschluss mit qualifizierter Mehrheit. Aus diesen Gründen werden neue Investitionsprojekte i. d. R. durch zusätzliches Fremdkapital oder durch eine Vermögensumschichtung finanziert. D. h., wir können i. d. R. von $I = 0$ ausgehen.

Der gegenwärtige Marktwert des Eigenkapitals beträgt

$$V_{\text{alt}} = \frac{\text{E}(\widetilde{V}_{\text{alt}})}{1 + r + \beta_{\text{alt}}(\mu_M - r)} \,,$$

wobei $\widetilde{V}_{\text{alt}}$ der künftige Marktwert aller Aktien und β_{alt} das systematische Risiko ist, falls sich der Manager **gegen** die Investitionsalternative entscheidet.

Entscheidet sich der Manager hingegen **für** die Investitionsalternative, so beträgt der Marktwert aller Aktien

$$V_{\text{neu}} = \frac{\text{E}(\widetilde{V}_{\text{neu}})}{1 + r + \beta_{\text{neu}}(\mu_M - r)} \,.$$

Hierbei gehen wir davon aus, dass der Manager weder einen Einfluss auf den risikolosen Zinssatz (r) noch auf die erwartete Rendite des Marktportfolios (μ_M) hat. Nichtsdestotrotz hat er einen Einfluss auf das systematische Risiko des Unternehmens.

Die betrachtete Investitionsalternative lohnt sich nun genau dann, wenn $V_{\text{neu}} - I > V_{\text{alt}}$, d. h., wenn deren *Kapitalwert* („Net Present Value")

$$\text{NPV} = \underbrace{\frac{\text{E}(\widetilde{V}_{\text{neu}})}{1 + r + \beta_{\text{neu}}(\mu_M - r)}}_{V_{\text{neu}}} - \underbrace{\frac{\text{E}(\widetilde{V}_{\text{alt}})}{1 + r + \beta_{\text{alt}}(\mu_M - r)}}_{V_{\text{alt}}} - I$$

positiv ist. Bei der betrachteten Investitionsalternative kann es sich praktisch um jede beliebige Maßnahme handeln, welche zu einer Änderung des derzeitigen Investitionsprogramms führt:

- *Errichtungsinvestition:* Das Unternehmen errichtet eine neue Anlage (z. B. eine neue Fabrik, Lagerhalle, Niederlassung etc.).
- *Erweiterungsinvestition:* Das Unternehmen erweitert eine bestehende Anlage (z. B. indem es ein neues Gebäude errichtet).
- *Ersatzinvestition:* Es ersetzt eine defekte Anlage durch eine intakte Anlage (z. B. durch den Austausch einer defekten Maschine).

- **Rationalisierungsinvestition:** Es modifiziert eine intakte Anlage, um effizienter zu arbeiten (z. B. durch den Austausch eines technisch überholten PCs durch einen neuen PC).

▶   Für die Entscheidungsfindung des Managers ist es völlig unerheblich, auf welche Weise das neue Investitionsprogramm zustande kommt.

Wir werden daher o. B. d. A. schlichtweg von einer „Investition" sprechen. Die klassische Investitionsrechnung geht üblicherweise davon aus, dass die Investition keinen Einfluss auf den Kalkulationszinssatz und damit auf das systematische Risiko des Unternehmens hat.

Übungsaufgabe 5.8

Unter welchen Bedingungen können wir die vereinfachende Annahme rechtfertigen, dass eine Investition keine Auswirkung auf das systematische Risiko hat? ◀

In diesem Fall können wir den Kapitalwert der Investition ganz einfach berechnen:

$$\begin{aligned}
\text{NPV} &= \frac{\mathrm{E}(\widetilde{V}_{\text{neu}})}{1 + r + \beta\,(\mu_M - r)} - \frac{\mathrm{E}(\widetilde{V}_{\text{alt}})}{1 + r + \beta\,(\mu_M - r)} - I \\
&= \frac{\mathrm{E}(\widetilde{V}_{\text{neu}} - \widetilde{V}_{\text{alt}})}{1 + r + \beta\,(\mu_M - r)} - I = \frac{\mathrm{E}(C)}{1 + r + \beta\,(\mu_M - r)} - I\,.
\end{aligned}$$

Hierbei spiegelt $C := \widetilde{V}_{\text{neu}} - \widetilde{V}_{\text{alt}}$ den aus der Investition resultierenden Zahlungsstrom („Cash Flow") wider. Demnach ist die Investition also genau dann rentabel, wenn der diskontierte Erwartungswert des Zahlungsstroms das zusätzliche Eigenkapital übersteigt.

Die Grundidee beim ERM besteht aber gerade darin, dass wir vor allem solche Investitionsentscheidungen treffen sollten, die sich günstig auf das systematische Risiko des Unternehmens auswirken. Im Rahmen des Enterprise Risk Managements müssen wir außerdem dafür Sorge tragen, dass das Unternehmen nach der Investition tragfähig bleibt. D. h., die betrachtete Investition muss *zulässig* sein.

Wir symbolisieren die aktuell bestehende Allokation des Unternehmens durch A_{alt}. Die Investition führt hingegen zu einer neuen Allokation A_{neu}. Wir gehen davon aus, dass das Unternehmen im Moment tragfähig ist, d. h., es gilt $\rho(A_{\text{alt}}) \le E_{\text{alt}}$, wobei E_{alt} das derzeit bestehende Eigenkapital ist. Die Investition führt zu der neuen Eigenkapitalausstattung $E_{\text{neu}} = E_{\text{alt}} + I$. Es muss also

$$\rho(A_{\text{neu}}) \le E_{\text{neu}} = E_{\text{alt}} + I$$

gelten, d. h.,

$$\text{Incremental Risk} = \rho(A_{\text{neu}}) - \rho(A_{\text{alt}}) \le \underbrace{E_{\text{alt}} - \rho(A_{\text{alt}})}_{\text{altes Exzesskapital}} + I\,.$$

Ergo: Bei einer zulässigen Investition darf der Incremental Risk das bestehende Exzesskapital zuzüglich des zusätzlichen Eigenkapitals nicht überschreiten.[5]

ERM unterscheidet sich also in zwei wesentlichen Punkten von der klassischen Investitionsrechnung:

1. Zum einen ziehen wir eine mögliche Änderung des systematischen Risikos durch die Investition in Betracht und
2. zum anderen tragen wir dafür Sorge, dass das Unternehmen nach der Investition tragfähig bleibt.

Der Manager des Unternehmens kann entweder vor einer *Einzelentscheidung* oder vor einer *Auswahlentscheidung* stehen:

- *Einzelentscheidung:* Soll er eine gegebene Investition durchführen oder nicht? In diesem Fall sollte sich der Manager genau dann für die Investition entscheiden, wenn deren Kapitalwert positiv ist.
- *Auswahlentscheidung:* Der Manager hat die Wahl zwischen mehreren Investitionen, welche sich gegenseitig ausschließen. Er sollte sich dann für jene Investition mit dem höchsten Kapitalwert entscheiden, vorausgesetzt, dieser ist positiv.

Beispiel 5.6

Die künftigen Marktwerte aller Aktien (in Mio. €) der Rhein Elektronik AG verteilen sich wie folgt auf fünf Umweltzustände:

	Zustand				
	1	2	3	4	5
Wahrscheinlichkeit	0,2	0,3	0,1	0,15	0,25
$\widetilde{V}_{\text{alt}}$	450	400	350	500	400

Wir gehen weiterhin von den in Beispiel 5.2 und Beispiel 5.3 beschriebenen Kennzahlen aus und erhalten somit für das Eigenkapital einen gegenwärtigen Marktwert von

$$V_{\text{alt}} = \frac{0,2 \cdot 450 + 0,3 \cdot 400 + 0,1 \cdot 350 + 0,15 \cdot 500 + 0,25 \cdot 400}{1 + 0,05 + 1,5 \cdot (0,15 - 0,05)}$$

$$= \frac{420}{1,2} = 350 \text{ Mio. €.}$$

Das Risikokapital beträgt $\rho(A_{\text{alt}}) = 280$ Mio. €. Somit verfügt die Rhein Elektronik AG über ein Exzesskapital i. H. v. $300 - 280 = 20$ Mio. €. Es steht nun eine Investition mit den folgenden möglichen Zahlungsströmen zur Debatte:

---

[5]In Abschn. 4.1.1 haben wir ja bereits festgestellt, dass Unternehmen in der Praxis Exzesskapital oft als Puffer für neue Investitionsprojekte vorhalten.

	Zustand				
	1	2	3	4	5
Wahrscheinlichkeit	0,2	0,3	0,1	0,15	0,25
C	0	−10	20	−50	10

Es wird kein zusätzliches Eigenkapital benötigt und das Beta der Aktie würde sich durch die Investition auf 1 reduzieren. Der erwartete Zahlungsstrom beträgt

$$E(C) = 0,2 \cdot 0 + 0,3 \cdot (-10) + 0,1 \cdot 20 + 0,15 \cdot (-50) + 0,25 \cdot 10$$
$$= -6 \text{ Mio. €.}$$

Ferner beträgt der Incremental Risk der Investition 10 Mio. €. Soll das Unternehmen trotz des negativen Erwartungswerts in das Projekt investieren? Nach der Investition erhalten wir die folgenden möglichen Endwerte:

	Zustand				
	1	2	3	4	5
Wahrscheinlichkeit	0,2	0,3	0,1	0,15	0,25
$\widetilde{V}_{\text{alt}}$	450	400	350	500	400
C	0	−10	20	−50	10
$\widetilde{V}_{\text{neu}}$	450	390	370	450	410

Trotz des negativen Erwartungswerts würde sich der Marktwert des Eigenkapitals auf

$$V_{\text{neu}} = \frac{0,2 \cdot 450 + 0,3 \cdot 390 + 0,1 \cdot 370 + 0,15 \cdot 450 + 0,25 \cdot 410}{1 + 0,05 + 1 \cdot (0,15 - 0,05)}$$
$$= \frac{414}{1,15} = 360 \text{ Mio. €}$$

erhöhen. Der Kapitalwert der Investition beträgt somit

$$\text{NPV} = 360 - 350 = 10 \text{ Mio. €.}$$

Zudem unterschreitet der Incremental Risk der Investition (10 Mio. €) das bestehende Exzesskapital (20 Mio. €). Die betrachtete Investition ist somit zulässig. Ergo: Aus der Sicht einer wertorientierten Unternehmenssteuerung sollte die Rhein Elektronik AG die Investition durchführen. ◄

5.4 Zusammenfassung

Industrie- und Dienstleistungsunternehmen agieren normalerweise nicht am Kapitalmarkt und machen daher nicht, so wie ihre Investoren, vom Instrument der Diversifikation

Gebrauch. Ihre Aufgabe besteht vielmehr darin, sich auf ihre Kernkompetenzen zu konzentrieren und eine langfristige Wertsteigerung zugunsten ihrer Eigenkapitalgeber zu realisieren. Sie sind dabei sowohl dem systematischen als auch dem unsystematischen Risiko ausgesetzt. Das unsystematische Risiko einer AG spielt für die Aktionäre indes keine Rolle; sie bewerten das Unternehmen alleine auf Basis seines systematischen Risikos. Durch die Wahl des Investitionsprogramms bestimmt der Manager sowohl den künftigen Marktwert aller Aktien als auch das systematische Risiko des Unternehmens. ERM versucht auf der einen Seite eine anhaltende Wertsteigerung des Unternehmens herbeizuführen und auf der anderen Seite das Risiko einer Insolvenz einzuschränken. Zwecks einer wertorientierten Unternehmenssteuerung reduziert das Unternehmen sein systematisches Risiko, indem es Diversifikationspotenziale außerhalb des Kapitalmarktes ausschöpft. Letztendlich läuft alles auf eine optimale Kapitalallokation hinaus. Wir haben uns daher zunächst mit den Kapitalkosten eines Unternehmens auseinandergesetzt. Für eine wertorientierte Unternehmenssteuerung sind die buchhalterischen Eigenkapitalkosten irrelevant. Wir verfolgen vielmehr einen Ansatz, welcher sich am Marktwert des Eigenkapitals orientiert und greifen dabei auf das CAPM zurück. Eine Investition lohnt sich demnach genau dann, wenn die durch die Investition herbeigeführte Veränderung des Marktwertes aller Aktien abzüglich einer etwaigen Kapitalerhöhung positiv ist. Hierbei müssen wir jedoch zwingend voraussetzen, dass das Unternehmen nach der Investition tragfähig bleibt. ERM unterscheidet sich somit in zwei wesentlichen Aspekten von der klassischen Investitionsrechnung: Zum einen ziehen wir eine Änderung des systematischen Risikos in Betracht und zum anderen tragen wir dafür Sorge, dass das Unternehmen nach der Investition weiterhin tragfähig ist.

5.5   Übungsaufgaben

Übungsaufgabe 5.9

Die Taxi Leasing GmbH greift auf Fremdkapital i. H. v. 5 Mio. € zurück und der risikolose Zinssatz beträgt 5 %. Das Risikokapital der Taxi Leasing GmbH beträgt derzeit 4 Mio. € und sie besitzt ein Eigenkapital i. H. v. 5 Mio. €. Die Hurdle Rate beträgt 20 %.

a) Wie hoch sind die Fremdkapitalkosten der Taxi Leasing GmbH?
b) Wie hoch sind deren buchhalterischen Eigenkapitalkosten? Berechnen Sie den dazugehörigen Eigenkapitalkostensatz.
c) Berechnen Sie den gewichteten durchschnittlichen Kapitalkostensatz der Taxi Leasing GmbH. ◄

Übungsaufgabe 5.10

Der Manager des Pharmakonzerns Methusalem AG geht davon aus, dass sich der Wert seiner Aktien (in Mio. €) in einem Jahr wie folgt auf fünf Umweltzustände verteilt:

	Zustand				
	1	2	3	4	5
Wahrscheinlichkeit	0,1	0,2	0,3	0,25	0,15
$\tilde{V}_{alt}$	1500	1200	1400	800	1000

Der risikolose Zinssatz beträgt 4 % und die erwartete Rendite des Marktportfolios ist 10 %. Die Methusalem-Aktie hat ein Beta von 2.

a) Wie hoch ist der gegenwärtige Marktwert aller Aktien?
b) Methusalem wird in einem Jahr all seine Schulden tilgen. Die gesamte Auszahlung an die Gläubiger beträgt 520 Mio. €. Wie hoch ist der gegenwärtige Marktwert aller Schulden?
c) Wie hoch ist der gegenwärtige Marktwert von Methusalem? ◄

Übungsaufgabe 5.11

Der Manager der Methusalem AG hat die Möglichkeit, ein Chemielabor in den Konzern einzugliedern. Die Eingliederung würde die folgenden potenziellen Zahlungsströme (in Mio. €) verursachen:

	Zustand				
	1	2	3	4	5
Wahrscheinlichkeit	0,1	0,2	0,3	0,25	0,15
C	2	−1	1	−4	−2

Für die Eingliederung wird kein zusätzliches Eigenkapital benötigt. Sollte der Manager das Labor eingliedern? ◄

Übungsaufgabe 5.12

Der Manager der Methusalem AG hat nun zwei sich gegenseitig ausschließende Investitionen ausfindig gemacht. Sie können die dazugehörigen potenziellen Zahlungsströme der folgenden Tabelle entnehmen:

	Zustand				
	1	2	3	4	5
Wahrscheinlichkeit	0,1	0,2	0,3	0,25	0,15
C_1	500	100	400	−400	−300
C_2	−600	0	−300	500	100

Bei der ersten Investition würde das Beta der Aktie unverändert bleiben. Im Falle der zweiten Investition würde das Beta auf 1 sinken. Methusalem verfügt über ein Eigenkapital i. H. v. 1000 Mio. €. Bei der ersten Investition würde Methusalem eine Kapitalerhöhung durchführen, die zweite Investition kommt jedoch ohne zusätzliches Eigenkapital aus. Das Risikokapital beträgt derzeit 800 Mio. €. Der Incremental Risk der ersten Investition beträgt 300 Mio. €, wohingegen der Incremental Risk der zweiten Investition 100 Mio. € ist.

a) Welchen Betrag müssten die Aktionäre im Falle der ersten Investition zuschießen, damit diese zulässig ist?
b) Für welche Alternative sollte sich der Manager entscheiden? ◄

Fallstudien

6

Die Ausführungen in diesem Kapitel basieren auf einer Veröffentlichung des Vereins Deutsche Gesellschaft für Risikomanagement.[1] Der genannte Sammelband enthält eine Vielzahl von Fallstudien zum Thema Risikoaggregation aus der Industrie, der Elektrizitätswirtschaft sowie der Finanzdienstleistungsbranche. Wir möchten nun der Frage nachgehen, inwieweit die in diesem Buch erläuterten Methoden einer wertorientierten Unternehmenssteuerung in der Praxis umgesetzt werden. Zu diesem Zweck betrachten wir exemplarisch vier Unternehmen: SAP, Vattenfall, EnBW und BMW.

---

[1] Siehe dazu die folgenden Kapitel in Deutsche Gesellschaft für Risikomanagement e. V. (2008): „Die Aggregation von Risiken bei der SAP AG", „Erfahrungen mit der Aggregation von Risiken bei Vattenfall Europe", „Risikoaggregationsmethoden im Risikomanagement der EnBW" und „Integriertes Chancen- und Risikomanagement bei der BMW Group".

6.1   SAP

Die SAP SE ist ein weltweit tätiges Software-Unternehmen, das 1972 gegründet wurde.[2] Das Kerngeschäft besteht in der Lizenzierung von Nutzungsrechten an den von SAP angebotenen Software-Produkten. Eine wesentliche Einnahmequelle ist zudem die Wartung, Beratung und Schulung ihrer Kunden durch zertifizierte SAP-Berater. Die SAP beschäftigte 2019 ca. 100.000 Mitarbeiter und hatte einen Umsatz i. H. v. 27,6 Mrd. €. Zu den von SAP betrachteten Risiken gehören:

1. **Ökonomische Risiken:** anhaltende ökonomische und politische Krisen, Naturkatastrophen und andere unvorhergesehene Ereignisse sowie regulatorische Einschränkungen
2. **Strategische Risiken:** die Gefahr, dass bestehende Partnerschaften mit anderen Software-Unternehmen, Hardware-Herstellern oder Technologie-Unternehmen eine negative Entwicklung nehmen
3. **Personalrisiken:** Bei einem ökonomischen Aufschwung kann es u. U. schwierig werden, qualifizierte Mitarbeiter zu finden oder an das Unternehmen zu binden.
4. **Organisations-, Compliance- und Governance-Risiken:** möglicher Verlust der Reputation, z. B. durch Nachlässigkeit oder Nichteinhaltung interner, gesetzlicher oder regulatorischer Vorschriften
5. **Kommunikations- und Informationsrisiken:** Schädigung durch ungewollte oder verfrühte Publikation brisanter Informationen
6. **Marktrisiken:** Verlust des Marktanteils durch Zusammenschluss von Konkurrenten oder Kunden, schwindende Verkaufszahlen durch das Outsourcing der IT seitens der Kunden etc.[3]
7. **Finanzrisiken:** Verlust durch Währungsschwankungen, Gewinneinbußen durch eine Änderung des Steuerrechts, unerwartet hohe Zahlungen an die Mitarbeiter etc.
8. **Projektrisiken:** erhöhte Kosten und Verlust von Reputation durch Probleme bei der Umsetzung von Projekten
9. **Produktrisiken:** unvorhergesehene lange Entwicklungszeiten, Produkthaftungsrisiken, missglückte Produktstrategien, vorzeitige Beendigung von Lizenzvereinbarungen seitens anderer Hersteller etc.
10 **Sonstige Betriebsrisiken:** Verletzung des Urheberrechts, Patentstreitigkeiten, Hacker-Angriffe und Viren, Wirtschaftsspionage, Schwierigkeiten bei der Eingliederung zugekaufter Unternehmen etc.

Das Risikomanagementsystem der SAP soll Risiken frühzeitig erkennen und analysieren. Darüber hinaus soll das System bei Bedarf entsprechende Gegenmaßnahmen ergreifen. Es

---

[2] Das Kürzel SE steht für „Societas Europaea" und bezeichnet die Rechtsform von Aktiengesellschaften in der Europäischen Union.

[3] Somit wird der Begriff „Marktrisiko" von SAP anders ausgelegt als in diesem Buch.

ist unternehmensweit implementiert und gilt für alle Geschäftsbereiche. Zudem ist es zentralisiert und unterliegt unmittelbar dem Finanzvorstand. Auf diese Weise soll die Neutralität gegenüber den operativ tätigen Geschäftsbereichen gewahrt bleiben. Die Hierarchie des Risikomanagements ist pyramidenförmig (vgl. Abb. 6.1).

Risiken werden bei der SAP auf Basis von Experteneinschätzungen identifiziert und bewertet. Hierbei wird jedes Risiko einem der zehn obigen Kategorien zugeordnet. Die Risikobewertung der SAP wurde Ende 2006 durch ein neues Konzept abgelöst. Bis 2006 konnten die Experten Risiken entweder quantitativ oder qualitativ bewerten. Die quantitative Bewertung erfolgte anhand der Eintrittswahrscheinlichkeit, zusammen mit der dazugehörigen Schadenshöhe („Total Loss") in €. Bei der qualitativen Bewertung wurde der potenzielle Schaden lediglich auf einer Skala von 1 („unerheblich") bis 5 („katastrophal") gemessen. Zwecks Vergleichbarkeit wurden auch die quantitativen Schadenshöhen in die qualitative Skala übersetzt. Daraus ergab sich die Risikomatrix in Tab. 6.1. Hierbei steht p („Probability") für die Eintrittswahrscheinlichkeit und I („Impact") für den Schaden des betreffenden Ereignisses. Damit hatte man drei unterschiedliche Risikoniveaus: hoch („H"), mittel („M") und niedrig („N"). Bei einem hohen Risiko wurde das Management in Kenntnis gesetzt, um geeignete Gegenmaßnahmen zu ergreifen.

Seit Ende 2006 werden die Risiken der SAP nur noch quantitativ bewertet. Hierbei unterscheidet SAP danach, ob es zu einer Ertrags- oder zu einer Umsatzminderung kommen kann. Zudem differenziert SAP nun die Risikoniveaus, indem sie die Eintrittswahrscheinlichkeit eines Ereignisses mit dem dazugehörigen Schaden multipliziert, d. h., sie erhält auf diese Weise den Wert $p \cdot I$. Die Risikobestandsaufnahme bei der SAP erfolgt sowohl Top-down als auch Bottom-up:

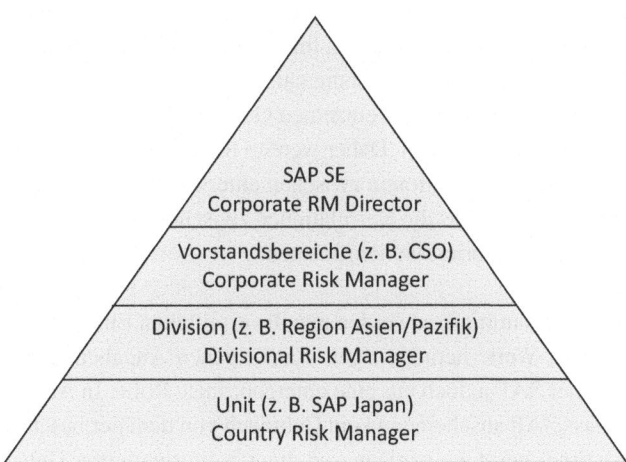

Abb. 6.1 Hierarchie des Risikomanagements bei SAP. (Quelle: Deutsche Gesellschaft für Risikomanagement e. V. 2008, Abb. 14)

Tab. 6.1 Risikomatrix bei SAP

	I				
p	1	2	3	4	5
81–99 %	N	M	**H**	**H**	**H**
61–80 %	N	M	M	**H**	**H**
41–60 %	N	N	M	M	**H**
21–40 %	N	N	N	M	M
1–20 %	N	N	N	N	M

- **Top-down:** Risiken werden „von oben nach unten" gesucht, indem man zunächst den Vorstand befragt. Darauf basierend geht man dann die Hierarchie abwärts.
- **Bottom-up:** Risiken werden „von unten nach oben" identifiziert. Sie werden also zunächst auf der niedrigsten Stufe, z. B. durch Befragung von Mitarbeitern, ausfindig gemacht und nach oben hin aggregiert.

Zwecks Risikoaggregation sollten wir generell die Bottom-up-Methode bevorzugen, denn bei der Top-down-Methode besteht die große Gefahr, dass wir Risiken gänzlich übersehen oder zumindest nicht als Ganzes erfassen.

Die SAP betreibt sowohl eine semantische als auch eine mathematische Aggregation von Risiken:

1. **Semantische Aggregation:** Hierbei werden Risiken textlich erfasst. Zu diesem Zweck müssen die Risikomanager jedes Quartal Trends bestimmen. Zudem haben sie die Möglichkeit, Risiken in einer Datenbank zu verknüpfen. Auf diese Weise können andere Risikomanager potenzielle Risikoquellen im Unternehmen ausfindig machen.
2. **Mathematische Aggregation:** Die mathematische Aggregation erweist sich als etwas schwierig, da die Risiken nicht den einzelnen Geschäftsbereichen, sondern den obigen Kategorien zugeschrieben werden. Daher werden Risiken in Gruppen erfasst. Auf diese Weise lassen sich auch Korrelationen zwischen unterschiedlichen Risiken berücksichtigen. SAP geht davon aus, dass die Korrelationen zwischen den Gruppen verschwindend gering sind und damit ignoriert werden können.

Zur Bestimmung des Gesamtrisikos werden nun die ermittelten Eintrittswahrscheinlichkeiten und die Total-Loss-Werte herangezogen. Laut eigenen Angaben spielt der VaR beim Risikomanagement der SAP jedoch nur eine untergeordnete Rolle. In Anbetracht der Dinge konstatieren wir, dass SAP anscheinend kein Gebrauch von den hier beschriebenen Verfahren zur Risikomessung, geschweige denn von einer wertorientierten Unternehmenssteuerung macht.

6.2   Vattenfall

Vattenfall Deutschland gehört zu der schwedischen Vattenfall-Gruppe und ist vor allem im Osten Deutschlands tätig sowie in Berlin und Hamburg. Es handelt sich um ein breit gefächertes Energieversorgungsunternehmen. Wie die meisten Energieversorger ist es auch am Energiehandel beteiligt. Das Unternehmen hatte 2019 einen Umsatz i. H. v. 12,5 Mrd. € und beschäftigt ca. 20.000 Mitarbeiter. Das Ziel des Risikomanagements bei Vattenfall besteht darin, die rechtlichen Mindestanforderungen zu erfüllen und darüber hinaus das Management bei der Entscheidungsfindung zu unterstützen. Dabei werden generell alle Risiken des Unternehmens erfasst, also auch Markt-, Kredit- und operationelle Risiken. Markt- und Kreditrisiken werden täglich überwacht, während langfristige Risiken quartalsweise erfasst werden.

Das Back Office des Risikomanagements befindet sich in der Holding direkt unterhalb des Vorstands. Diese zentrale Einheit soll dafür sorgen, dass das Risikomanagementkonzept von Vattenfall reibungslos umgesetzt wird. Sie leitet die Gesamtrisikosituation regelmäßig an den Vorstand weiter. Darüber hinaus existieren in den einzelnen Niederlassungen mit dem Risikomanagement betraute Ansprechpartner. Diese Risikomanager im Front Office identifizieren, bewerten und leiten ihrerseits Berichte über die Risiken in ihrem jeweiligen Verantwortungsbereich an das Back Office weiter. Sie werden zudem im Back Office geschult und dort unterstützt.

Vattenfall hat eine eigene Risikomanagement-Software entwickelt und implementiert. Die Software ermöglicht den Risikomanagern, die Soll-Zahlen des Unternehmens mit den gegebenen Ist-Zahlen zu vergleichen und auf diese Weise potenzielle Abweichungen zu erkennen. Darüber hinaus ermöglicht die Software eine automatisierte Berichterstattung und eine aus rechtlicher Sicht unabdingbare Archivierung von Risikokennzahlen. Zwecks Aggregation ihrer Risiken greift Vattenfall auf eine Monte-Carlo-Simulation zurück. Das Unternehmen hat sich aus den folgenden Gründen dezidiert für eine Risikoaggregation entschieden:

1. **Gesetzliche Vorgaben:** Das Gesetz zur Kontrolle und Transparenz im Unternehmensbereich (KonTraG) zwingt die Unternehmen zu einem Risikofrüherkennungssystem sowie zu einer Risikoberichterstattung. Demnach ist der Vorstand verpflichtet, „geeignete Maßnahmen zu treffen, insbesondere ein Überwachungssystem einzurichten, damit den Fortbestand der Gesellschaft gefährdende Entwicklungen früh erkannt werden" (KonTraG §91 Abs. 2). Wie Vattenfall richtig bemerkt, stellen einzelne negative Entwicklungen nur selten eine reelle Gefahr für ein gesundes Unternehmen dar. Vielmehr muss ein funktionierendes Risikomanagementsystem in der Lage sein, das **gemeinsame** Eintreten negativer Ereignisse vorauszusehen.

2. **Qualität:** Vattenfall legt großen Wert auf die Qualität der erhobenen Daten und der daraus im Front Office abgeleiteten Risikokennzahlen. Risikoaggregation mittels

Monte-Carlo-Simulation ist auf eine hohe Qualität der darin eingehenden Daten angewie-
sen. Die dezidierte Ausrichtung zugunsten einer Risikoaggregation soll die Datenqualität
des Unternehmens langfristig fördern.

Vattenfall greift auf Verteilungsfunktionen zur Modellierung von Einzelrisiken zurück. Im
Bereich der Marktpreisrisiken kommt die Normalverteilung zum Einsatz; technische Risi-
ken werden auch mit Hilfe der Exponentialverteilung modelliert. Um die Einzelrisiken
abzubilden wird der 95 %-VaR verwendet. Hierbei wird jedoch nicht der eigentliche Ver-
lust betrachtet, sondern die negative Abweichung des potenziellen Gewinns vor Zinsen und
Steuern vom geplanten EBIT des Unternehmens. Die benötigten Daten werden in Microsoft
Excel importiert und weiterverarbeitet. Die Monte-Carlo-Simulation erfolgt daraufhin in
Oracle Crystal Ball. Auf diese Weise kann die Monte-Carlo-Simulation flexibel gestaltet
werden. Dieses Vorgehen erfordert jedoch auf Seiten des Anwenders ein hohes Maß an
Kompetenz. Das gesamte Prozedere ist somit recht fehleranfällig.

Bei der Monte-Carlo-Simulation werden die benötigten Korrelationen zwischen den Risikofaktoren anhand einer Korrelationsmatrix vorgegeben. Zwischen einzelnen Teilbereichen
des Unternehmens werden Korrelationen sowohl empirisch als auch mittels Expertenwissen geschätzt. Risiken zwischen Bereichen des Konzerns, welche eine hinreichend große
betriebswirtschaftliche Distanz zueinander aufweisen, wird eine Korrelation von null unterstellt. Negative Korrelationen werden besonders hinterfragt und nur dann einbezogen, wenn
diese nachweislich im Zeitablauf stabil sind. Vattenfall verwendet sein Risikomanagementsystem nicht nur zur Risikoaggregation. Weitere Anwendungsfelder sind die Bewertung von
Produkten, Projekten, Akquisitionen sowie eine risikoadjustierte Erfolgsmessung. Damit
verfolgt Vattenfall offensichtlich das im Rahmen dieses Buches propagierte Ziel einer wertorientierten Unternehmenssteuerung.

Die vom Back Office ermittelten Kennzahlen werden in einer für den Vorstand ver-
ständlichen Form vermittelt. Letztlich sollten wir immer im Hinterkopf behalten, dass die
wenigsten Vorstandsmitglieder über die nötigen methodischen Grundlagen verfügen, um
komplizierte statistische Sachverhalte zu verstehen. Der Risikomanager muss daher ein
typisches Misstrauen ihm gegenüber überwinden. Dieses Misstrauen beruht darauf, dass
das Risikomanagement für die meisten Manager schlichtweg eine Black Box darstellt. Insofern kommt es bei der Präsentation auf eine leicht verständliche und kompakte Darstellung
mathematischer Sachverhalte an.

6.3   EnBW

Die EnBW („Energie Baden-Württemberg") AG beschäftigt rund 23.000 Mitarbeiter und
hatte 2019 einen Umsatz i. H. v. 18,7 Mrd. €. Sie wurde 1997 gegründet und gehört heute
neben E.ON und RWE zu den drei größten Energieversorgungsunternehmen Deutschlands.
Genauso wie Vattenfall ist auch EnBW am Energiehandel beteiligt.

Das Risikomanagement der EnBW erfasst den gesamten Konzern und wird von der Holding aus geleitet. In der Holding werden insbesondere die Richtlinien, Methoden und die Risikobegriffe definiert. EnBW orientiert sich dabei am COSO-Regelwerk (siehe Abschn. 5.1), macht jedoch deutlich, dass dieses Regelwerk keine konkreten Handlungsanweisungen beinhaltet. Risiken werden bei EnBW dort identifiziert, wo sie auftreten. Damit übernehmen also die entsprechenden Konzerngesellschaften und Beteiligungen die Aufgabe der Risikoidentifikation. Anschließend werden Szenarien entwickelt, wobei jedem Szenario eine Eintrittswahrscheinlichkeit sowie eine potenzielle Schadenshöhe beigemessen wird.

Die Wahrscheinlichkeit eines Szenarios wird zunächst qualitativ eingeschätzt und anschließend in Prozentzahlen überführt. Eine statistisch valide Schätzung der Eintrittswahrscheinlichkeiten ist üblicherweise aufgrund fehlender Daten nicht möglich. Zudem kann eine qualitative Einschätzung dem Vorstand gegenüber einfacher kommuniziert werden. Die Schadenshöhe quantifiziert die Differenz zwischen dem geplanten und dem tatsächlichen Gewinn, falls das betreffende Szenario eintritt. Genauso wie Vattenfall betrachtet also auch EnBW nicht den eigentlichen Verlust, sondern eine negative Abweichung von der gegebenen Planzahl.

Außerdem hat auch EnBW eine eigene Software zur Unterstützung des Risikomanagements entwickelt. Diese kann sowohl über das Internet als auch über das Intranet des Unternehmens bedient werden. Sobald ein Risiko einen bestimmten Schwellenwert hinsichtlich Eintrittswahrscheinlichkeit und Schadenshöhe überschreitet, wird ein Risikobericht erstellt. EnBW betrachtet hierbei 20 bis 30 „Key Risks" und geht davon aus, dass die betreffenden Risiken stochastisch unabhängig sind. EnBW verzichtet bewusst auf eine Komprimierung in Form einer einzigen Risikokennzahl. Nach Auffassung des Unternehmens trägt die Reduktion auf eine Kennzahl nicht zur Transparenz bei, wohingegen die betrachteten Key Risks plastisch veranschaulicht werden können.

Zwecks Risikoaggregation greift EnBW auf den VaR zurück. Analytische Verfahren werden hauptsächlich bei der Finanz- und Liquiditätsplanung sowie im Energiehandel eingesetzt. Im Kerngeschäft verwendet EnBW hingegen drei alternative Verfahren zur Risikoaggregation:

1. Addition
2. Szenarioanalyse
3. Monte-Carlo-Simulation

Die Addition ist nur bei einer perfekten positiven Korrelation von Risiken, d. h. bei Komonotonie (vgl. Abschn. 2.2.4), möglich und wird somit kaum verwendet. Bei der Szenarioanalyse betrachtet EnBW grundsätzlich drei potenzielle Entwicklungen („günstig", „mittel" und „ungünstig"). Das ungünstige Szenario erfasst insbesondere extreme Entwicklungen auf dem Rohstoffmarkt.

Die Monte-Carlo-Simulation wird eingesetzt falls die Szenarioanalyse der Komplexität des betrachteten Problems nicht gerecht wird. Ein Beispiel dafür ist der Teilausfall eines

Kraftwerkparks. In diesem Fall ist EnBW gezwungen, Ersatzstrom zu beschaffen. Vor der eigentlichen Monte-Carlo-Simulation werden die für einen Teilausfall in Frage kommenden Ursachen identifiziert. In die Schätzung der Eintrittswahrscheinlichkeiten gehen sowohl historische Daten als auch Expertenwissen ein. Die potenzielle Schadenshöhe wird auf Basis eines Wirkungsmodells abgeschätzt. Anschließend erfolgt die Monte-Carlo-Simulation. Zu diesem Zweck greift EnBW genauso wie Vattenfall auf Oracle Crystal Ball zurück.

Anscheinend hat sich bei den Energieversorgungsunternehmen also ein recht einheitliches Risikomanagementverfahren durchgesetzt. Allerdings können wir auf Basis der vorliegenden Informationen keine Aussagen darüber treffen, inwieweit EnBW sein Risikomanagementsystem zugunsten einer risikoadjustierten Erfolgsmessung oder gar einer optimalen Kapitalallokation einsetzt. Wir können jedoch festhalten, dass die betrachteten Energieversorgungsunternehmen den in diesem Buch beschriebenen Risikoaggregationsverfahren eine große Bedeutung beimessen.

6.4   BMW

Der BMW-Konzern wurde 1916 gegründet und gehört zu den zehn größten Automobilherstellern weltweit. Er beschäftigt über 133.000 Mitarbeiter. Das Unternehmen verfügt über die Marken BMW, Mini und Rolls Royce. Darüber hinaus engagiert sich BMW aber auch als Finanzdienstleister. Im Jahre 2019 erwirtschaftete BMW einen Umsatz i. H. v. 104,2 Mrd. €. Aufgrund seiner globalen Präsenz ist BMW permanent von Währungsschwankungen, Zinsänderungsrisiken und Preisfluktuationen auf den Rohstoffmärkten betroffen. Hinzu kommt ein starker Wettbewerbsdruck, der sich zunehmend in der Forschung und Entwicklung der Automobilhersteller niederschlägt. BMW betreibt ein konzernweites Risikomanagement.

Wie bei Vattenfall und EnBW wird auch bei BMW das Risiko als Gefahr einer Abweichung von Planwert interpretiert. Laut eigenem Bekunden legt BMW dabei besonderen Wert auf das frühzeitige Erkennen von Risiken **und** Chancen. Auf der Projektebene soll das Risikomanagement die Manager bei der Entscheidungsfindung unterstützen; auf der Unternehmensebene stehen vielmehr die Tragfähigkeit sowie die optimale Kapitalallokation im Vordergrund.

Das Risikomanagementsystem von BMW besteht aus den folgenden drei Komponenten:

1. **Projektvorlagen:** Entscheidungen werden auf Basis von Projektvorlagen getroffen, welche die Chancen und Risiken des jeweiligen Projektes qualitativ darstellen sollen.
2. **Berichtssystem:** Die Manager werden über ein konzernweites Berichtssystem schnell darüber informiert, inwieweit die gesteckten Ziele erreicht wurden.
3. **Erhebungen:** Risikomanager führen regelmäßig Erhebungen durch, um alle wesentlichen Risiken zu identifizieren und zu bewerten.

So wie SAP verfolgt auch BMW zwecks Identifikation seiner Risiken sowohl den Top-down-als auch den Bottom-up-Ansatz. BMW unterscheidet dabei zwischen strategischen, operationellen und finanziellen Risiken. Der Konzern erwirtschaftet über 50 % seines Umsatzes außerhalb der Eurozone, womit gerade das Währungsrisiko ein wesentliches Problem darstellt. Aufgrund der Tatsache, dass BMW auch als Finanzdienstleister auftritt, spielt auch das Zinsänderungsrisiko eine bedeutende Rolle. Hinzu kommt das Bonitätsrisiko aus der Vergabe von Kundenkrediten sowie das Restwertrisiko aus dem Leasing-Geschäft. So wie Vattenfall arbeitet auch BMW mit Wahrscheinlichkeitsverteilungen und betreibt Risikoaggregation. Darüber hinaus agiert BMW in puncto Risikosteuerung praktisch wie eine Bank (siehe Abschn. 1.1.1) und bedient sich somit den Mitteln des Kapitalmarktes.

Das strategische Risikomanagement baut so weit wie möglich auf den quantitativen Methoden des Finanzrisikomanagements auf. BMW versucht also auf interne Daten zurückzugreifen, um auch im Kerngeschäft, d. h. bei der Herstellung von Automobilen, Wahrscheinlichkeitsverteilungen künftiger Cash Flows zu ermitteln. Diese Analyse läuft letztlich auf die Berechnung der Kapitalwerte einzelner Projekte hinaus, dient aber auch der Gegenüberstellung von Chancen und Risiken. Grundsätzlich teilt BMW seine Chancen und Risiken in die folgenden drei Kategorien ein:

1. Fahrzeugeigenschaften
2. Prozesse
3. Marktumfeld

Allerdings schließen sich diese Kategorien nicht gegenseitig aus (vgl. Abb. 6.2). Chancen und Risiken werden insbesondere bei der Produktentstehung gegenübergestellt. Die Erstellung des Risikoprofils erfolgt dabei in vier Stufen:

1. Identifikation
2. Evaluation
3. Quantifikation
4. Aggregation

In der ersten Stufe entwickelt man Worst-Case- und Best-Case-Szenarien für die betrachteten Risikofaktoren. In der zweiten Stufe belegt man diese mit Eintrittswahrscheinlichkeiten. In der dritten Stufe misst man den betrachteten Szenarien ein monetäres Ergebnis bei, welches die Abweichung vom Planwert quantifizieren soll. In der vierten Stufe erfolgt schließlich die Risikoaggregation. Laut eigenen Angaben verwendet BMW dabei eine Simulationstechnik unter Einbezug von Korrelationen. Vermutlich greift BMW somit auf Monte-Carlo-Simulationen zurück. Das Ergebnis dieser Analyse spiegelt sich jedenfalls im Erwartungswert des aggregierten Cash Flows sowie im aggregierten Cash-Flow-at-Risk

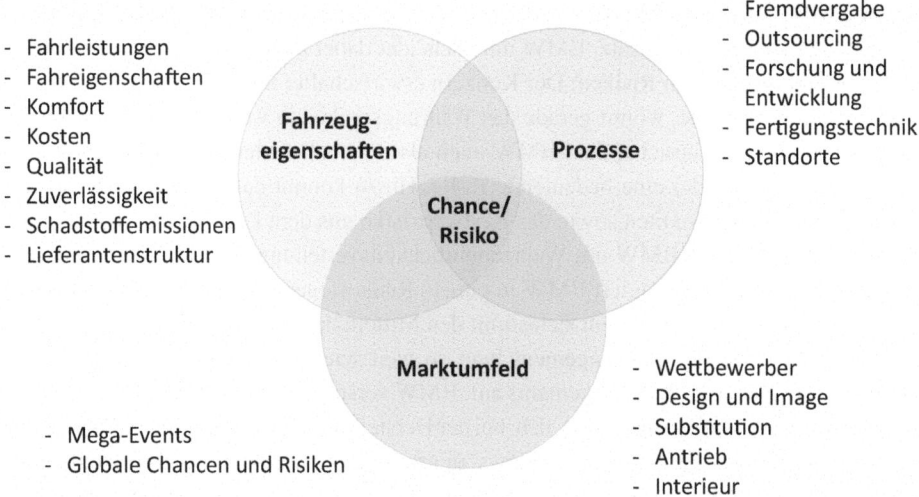

- Fahrleistungen
- Fahreigenschaften
- Komfort
- Kosten
- Qualität
- Zuverlässigkeit
- Schadstoffemissionen
- Lieferantenstruktur

Fahrzeug-eigenschaften

Prozesse

Chance/Risiko

Marktumfeld

- Fremdvergabe
- Outsourcing
- Forschung und Entwicklung
- Fertigungstechnik
- Standorte

- Wettbewerber
- Design und Image
- Substitution
- Antrieb
- Interieur

- Mega-Events
- Globale Chancen und Risiken

Abb. 6.2 Chancen und Risiken im Kerngeschäft von BMW. (Quelle: Deutsche Gesellschaft für Risikomanagement e. V. 2008, Abb. 24)

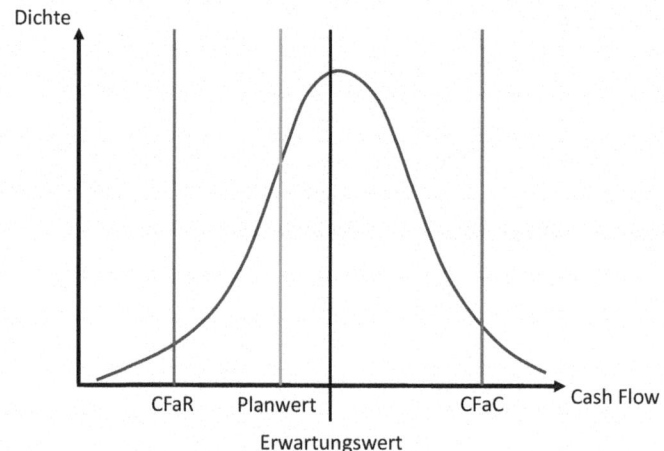

Abb. 6.3 Verteilung des aggregierten Cash Flows von BMW. (Quelle: Deutsche Gesellschaft für Risikomanagement e. V. 2008, Abb. 25)

(CFaR) als auch im aggregierten Cash-Flow-at-Chance (CFaC) wider (vgl. Abb. 6.3). Insgesamt können wir also konstatieren, dass BMW die in diesem Buch erläuterten Instrumente einer wertorientierten Unternehmenssteuerung einsetzt.

Lösungshinweise

Kap. 1

Aufgabe 1.1 Denken Sie z. B. an Glücksspiele und an reale sozioökonomische Phänomene.

Aufgabe 1.2 Ein Teil der Antwort steckt bereits in der Frage.

Aufgabe 1.3 Wodurch kommt das Kreditrisiko eigentlich zustande? Wie lassen sich Zinssätze ökonomisch interpretieren?

Aufgabe 1.4 Nutzen Sie bei Bedarf das Ausschlussverfahren.

© Springer Fachmedien Wiesbaden GmbH, ein Teil von Springer Nature 2021
G. Frahm, *Enterprise Risk Management*,
https://doi.org/10.1007/978-3-658-31284-8

Aufgabe 1.5 Was macht eine Bank, wenn Sie dort z. B. ein Hypothekendarlehen beantragen? Welche Voraussetzungen müssen für eine Bewilligung des Kredits i. d. R. erfüllt sein?

Aufgabe 1.6 Schauen Sie sich die Formel für die Varianz einer Summe von Zufallsvariablen genauer an.

Aufgabe 1.7 Denken Sie nicht nur an Aktien, sondern auch an Rohstoffe, Edelmetalle etc.

Aufgabe 1.8 Vergegenwärtigen Sie sich den Diversifikationseffekt.

Aufgabe 1.9 Konzentrieren Sie sich auf die verschiedenen Branchen einer Volkswirtschaft.

Aufgabe 1.10 Operationelle Risiken lassen sich nicht streuen, d. h. durch Diversifikation bewältigen. Hingegen können diese Risiken durch Versicherungsverträge, straffe interne Kontrollen oder ähnliche Maßnahmen reduziert werden. Somit kommt eine Risikoreduktion eher zur Bewältigung operationeller Risiken in Frage.

Aufgabe 1.11

$$
\begin{aligned}
E(R) &= 0,1 \cdot 0,4 + 0,2 \cdot 0,3 + 0,35 \cdot 0,15 + 0,25 \cdot (-0,05) + \\
&\quad 0,1 \cdot (-0,15) = 0,125 \\
\mathrm{Var}(R) &= E(R^2) - E(R)^2 \\
&= 0,1 \cdot 0,4^2 + 0,2 \cdot 0,3^2 + 0,35 \cdot 0,15^2 + 0,25 \cdot (-0,05)^2 + \\
&\quad 0,1 \cdot (-0,15)^2 - 0,125^2 = 0,02913 \\
\mathrm{Std}(R) &= \sqrt{0,02913} = 0,1707
\end{aligned}
$$

Aufgabe 1.12

$$
\begin{aligned}
\mu_P &= w_A \mu_A + w_B \mu_B = 0,5 \cdot 0,125 + 0,5 \cdot 0,125 = 0,125 \\
\sigma_P^2 &= w_A^2 \sigma_A^2 + w_B^2 \sigma_B^2 + 2 w_A w_B \sigma_A \sigma_B \rho_{AB} \\
&= 0,5^2 \cdot 0,1707^2 + 0,5^2 \cdot 0,1707^2 + \\
&\quad 2 \cdot 0,5 \cdot 0,5 \cdot 0,1707 \cdot 0,1707 \cdot 0,15 = 0,01675 \\
\sigma_P &= \sqrt{0,01675} = 0,1294
\end{aligned}
$$

Abb. A.1 Lösung zu Aufgabe
1.13 d

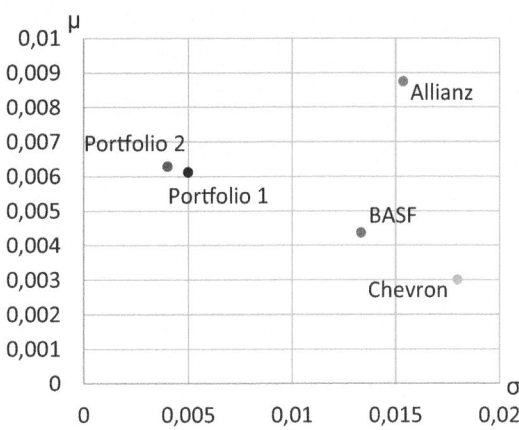

Aufgabe 1.13

a)

$$\hat{\mu}_A = \frac{1}{8}(0{,}03 + 0{,}025 + \ldots + 0) = 0{,}00875$$

$$\hat{\mu}_B = \frac{1}{8}\big((-0{,}02) + (-0{,}01) + \ldots + 0{,}02\big) = 0{,}004375$$

$$\hat{\sigma}_A^2 = \frac{1}{8}\Big[(0{,}03 - 0{,}00875)^2 + (0{,}025 - 0{,}00875)^2 + \ldots +$$

$$(0 - 0{,}00875)^2\Big] = 0{,}0002359$$

$$\hat{\sigma}_A = \sqrt{0{,}0002359} = 0{,}01536$$

$$\hat{\sigma}_B^2 = \frac{1}{8}\Big[(-0{,}02 - 0{,}004375)^2 + (-0{,}01 - 0{,}004375)^2 + \ldots +$$

$$(0{,}02 - 0{,}004375)^2\Big] = 0{,}0001777$$

$$\hat{\sigma}_B = \sqrt{0{,}0001777} = 0{,}01333$$

$$\hat{\sigma}_{AB} = \frac{1}{8}\Big[(0{,}03 - 0{,}00875)(-0{,}02 - 0{,}004375) + \ldots +$$

$$(0 - 0{,}00875)(0{,}02 - 0{,}004375)\Big] = -0{,}0001602$$

$$\hat{\rho}_{AB} = \frac{-0{,}0001602}{0{,}01536 \cdot 0{,}01333} = -0{,}7821$$

b)

$$\hat{\mu}_P = 0,4 \cdot 0,00875 + 0,6 \cdot 0,004375 = 0,006125$$

$$\hat{\sigma}_P^2 = 0,4^2 \cdot 0,01536^2 + 0,6^2 \cdot 0,01333^2 +$$

$$2 \cdot 0,4 \cdot 0,6 \cdot (-0,0001602) = 0,00002482$$

$$\hat{\sigma}_P = \sqrt{0,00002482} = 0,004982$$

c) i)

$$\hat{\mu}_P = 0,5 \cdot 0,00875 + 0,3 \cdot 0,004375 + 0,2 \cdot 0,003 = 0,006288$$

$$\hat{\sigma}_P^2 = \sum_{i=1}^{N} \sum_{j=1}^{N} w_i w_j \hat{\sigma}_{ij}, \quad \text{hier: } N = 3$$

$$= w_A^2 \sigma_A^2 + w_B^2 \sigma_B^2 + w_C^2 \sigma_C^2 + 2 w_A w_B \sigma_{AB} +$$

$$2 w_A w_C \sigma_{AC} + 2 w_B w_C \sigma_{BC}$$

$$= 0,5^2 \cdot 0,01536^2 + 0,3^2 \cdot 0,01333^2 + 0,2^2 \cdot 0,018^2 +$$

$$2 \cdot 0,5 \cdot 0,3 \cdot (-0,0001602) +$$

$$2 \cdot 0,5 \cdot 0,2 \cdot 0,01536 \cdot 0,018 \cdot (-0,9) +$$

$$2 \cdot 0,3 \cdot 0,2 \cdot 0,01333 \cdot 0,018 \cdot 0,9$$

$$= 0,00001602$$

$$\hat{\sigma}_P = \sqrt{0,00001602} = 0,004003$$

ii) Durch die Aufnahme der Aktie C kann eine Pareto-Verbesserung erzielt werden. Eine solche Verbesserung liegt genau dann vor, wenn das neue Portfolio

- mindestens die gleiche erwartete Rendite, jedoch eine kleinere Standardabweichung oder
- höchstens die gleiche Standardabweichung, jedoch eine höhere erwartete Rendite hat.

d) Siehe Abb. A.1

Aufgabe 1.14 Die Rendite einer Aktie kann wie folgt zerlegt werden:

$$R_i = r + \beta_i (R_M - r) + \varepsilon_i .$$

Der Term $\beta_i (R_M - r)$ spiegelt das systematische Risiko der Aktie wider, wobei R_M die Rendite des Marktportfolios ist. Das systematische Risiko hängt also von der Entwicklung des gesamten Aktienmarktes ab. Das unsystematische Risiko wird durch den Störterm ε_i

ausgedrückt und ist nicht mit dem systematischen Risiko korreliert. Da jeder Investor die unsystematischen Risiken „wegdiversifiziert", sind diese für ihn irrelevant.

Aufgabe 1.15 Wir gehen von einem vollkommenen Kapitalmarkt mit der Möglichkeit einer unbegrenzten risikolosen Geldanlage und Kreditaufnahme aus. Die Investoren sind risikoavers und versuchen ihren Nutzen zu maximieren, wobei sie lediglich den Erwartungswert und die Standardabweichung ihrer Portfoliorendite in den Kalkül einbeziehen. Aufgrund der Möglichkeit, Geld in unbegrenzter Höhe anzulegen bzw. aufzunehmen, ist das optimale Aktienportfolio für alle Investoren gleich. Es handelt sich gerade um das Portfolio, bei dem die Kapitalmarktlinie den effizienten Rand tangiert.

Aufgabe 1.16 Das Marktportfolio ist ein Portfolio, das der Kapitalmarktlinie die höchste Steigung

$$\frac{\mu_P - r}{\sigma_P}$$

verleiht. Diese Steigung wird als Sharpe Ratio bezeichnet.

1. $\mu_1 = 0{,}06$, $\sigma_1 = 0{,}10 \Rightarrow \left(\frac{0{,}06 - 0{,}05}{0{,}1}\right) = 0{,}1$
2. $\mu_2 = 0{,}07$, $\sigma_2 = 0{,}12 \Rightarrow \left(\frac{0{,}07 - 0{,}05}{0{,}12}\right) = 0{,}1667$
3. $\mu_3 = 0{,}09$, $\sigma_3 = 0{,}20 \Rightarrow \left(\frac{0{,}09 - 0{,}05}{0{,}2}\right) = 0{,}2$

Portfolio 3 ist somit das Marktportfolio.

Aufgabe 1.17 Die CAPM-Gleichung lautet:

$$\mu_i = r + \beta_i(\mu_M - r).$$

a) $\mu_A = 0{,}06 + 0{,}2 \cdot (0{,}12 - 0{,}06) = 0{,}072$
b) $\mu_B = 0{,}06 + 0{,}5 \cdot (0{,}12 - 0{,}06) = 0{,}09$
c) $\mu_C = 0{,}06 + 1{,}4 \cdot (0{,}12 - 0{,}06) = 0{,}144$

Aufgabe 1.18

a) Es gilt

$$\mu_i = r + \beta_i(\mu_M - r)$$
$$0{,}10 = 0{,}06 + \beta_i(0{,}08 - 0{,}06).$$

Das Beta beträgt also

$$\beta_i = \frac{0{,}10 - 0{,}06}{0{,}08 - 0{,}06} = 2.$$

b) Es gilt

$$\beta_i = \frac{\sigma_{iM}}{\sigma_M^2}$$

und somit

$$2 = \frac{\sigma_{iM}}{0{,}04} \implies \sigma_{iM} = 0{,}08\,.$$

Kap. 2

Aufgabe 2.1 Denken Sie z. B. an die Verlustverteilung einer Bank.

Aufgabe 2.2 Werfen Sie einen Blick in eine Tabelle zur Standardnormalverteilung.

Aufgabe 2.3 Denken Sie z. B. an Glücksspiele.

Aufgabe 2.4 Siehe die Ausführungen zur Ermittlung des VaR in Abschn. 2.1.1.

Aufgabe 2.5 Denken Sie an das Axiom der positiven Homogenität.

Aufgabe 2.6 Es gilt $L_0 = 0$ und somit, aufgrund der positiven Homogenität von ρ, stets $\rho(x_0 L_0) = \rho(0) = 0$.

Aufgabe 2.7 Mit steigendem Investitionsvolumen steigt der Risikobeitrag des entsprechenden Geschäftsbereichs im Vergleich zu den anderen Geschäftsbereichen. Im Gegenzug nimmt der Diversifikationseffekt ab.

Aufgabe 2.8 Nein. Die Allokation $A = (x_0, x_1, \ldots, x_N)$ hängt ja von x_i ab, womit sich auch die Ableitung von $\rho(A)$ nach x_i im Allgemeinen mit x_i verändert.

Aufgabe 2.9 Nein. Siehe die Lösung zu Aufgabe 2.7.

Aufgabe 2.10 Es muss

$$\rho(A_{\text{neu}}) - \rho(A_{\text{alt}}) = \frac{\partial \rho(A_{\text{neu}})}{\partial x_{N+1}} x_{N+1} \leq x_{N+1}$$

gelten. Damit darf der Marginal Risk nicht größer als 1 sein.

Aufgabe 2.11 Der ES ist ein kohärentes Risikomaß, während der VaR das Axiom der Subadditivität verletzt.

Aufgabe 2.12

a) Der minimale Verlustbetrag, welchen Sie mit Wahrscheinlichkeit größer oder gleich 95 % nicht überschreiten werden, beträgt 6000 €.

b) Da die Verlustverteilung stetig ist, entspricht der ES der TCE. Somit ist der Erwartungswert des Verlustes unter der Bedingung, dass der Verlust mindestens so groß ist, wie der VaR (hier: 6000 €), gleich 10.000 €. Dieses Ereignis tritt hier mit Wahrscheinlichkeit 5 % ein.

Aufgabe 2.13

a) $\text{VaR}_{0,99} = 1$ Mio. €.

b) Es gilt

$$\text{ES}_{0,99} = \frac{0,991 - 0,99}{1 - 0,99} \cdot 1 + \frac{1 - 0,991}{1 - 0,99} \cdot 10 = 0,1 \cdot 1 + 0,9 \cdot 10$$
$$= 9,1 \text{ Mio. €.}$$

c) Die Verlustverteilung lässt sich wie folgt in Tabellenform darstellen:

x	$f_L(x)$	$F_L(x)$
2	0,9821	0,9821
11	0,01784	**0,9999**
20	0,000081	1

Der 99 %-VaR beträgt also 11 Mio. €. Weiterhin gilt

$$\text{ES}_{0,99} = \frac{0,9999 - 0,99}{1 - 0,99} \cdot 11 + \frac{1 - 0,9999}{1 - 0,99} \cdot 20 = 11,09 \text{ Mio. €.}$$

d) Es gilt

$$\text{VaR}_{0,99}(L_1 + L_2) = 11 \nleq 1 + 1 = \text{VaR}_{0,99}(L_1) + \text{VaR}_{0,99}(L_2),$$

womit das Axiom der Subadditivität verletzt ist.

Aufgabe 2.14

a) $\text{Std}(L) = \sqrt{\text{Var}(L)} = \sqrt{20^2 + 30^2 + 2 \cdot 20 \cdot 30 \cdot 0,5} = 43,5890$

b) $\text{VaR}_{0,95}(L) = \text{Std}(L)\,\Phi^{-1}(0,95) = 43,5890 \cdot 1,6449 = 71,6995$

Aufgabe 2.15

a) Es gilt

$$\rho(A) = \sum_{i=1}^{N} x_i \frac{\partial \rho(A)}{\partial x_i}$$
$$= 5 \cdot 0 + 50 \cdot 0,5 + 30 \cdot 1,5 + 10 \cdot 1 + 5 \cdot 4 = 100.$$

Da das Unternehmen über

$$x = \sum_{i=0}^{N} x_i = 5 + 50 + 30 + 10 + 5 = 100 \text{ Mio. } €$$

an Eigenkapital verfügt, ist es gerade so tragfähig.

b) Gemessen an der Größe des Unternehmens (100 Mio. €) handelt es sich um eine kleine Investition (2 Mio. €). Außerdem finanziert sich die Produktionsfirma ausschließlich durch Eigenkapital. Die Investition ist also gerade dann zulässig, wenn deren Marginal Risk nicht größer als 1 ist (vgl. Aufgabe 2.10). Der neue GB „Horror" wäre somit nicht zulässig.

Aufgabe 2.16

a) Wir haben es mit einem linearen Gleichungssystem bestehend aus zwei Gleichungen mit zwei Unbekannten zu tun:

$$3 \cdot y_1 + 2 \cdot y_2 = 1,9$$
$$y_1 + y_2 = 0,7.$$

Daraus folgt

$$y_1 = \frac{\partial \text{VaR}(A)}{\partial x_1} = 0,5$$

und

$$y_2 = \frac{\partial \text{VaR}(A)}{\partial x_2} = 0,2.$$

b)

$$\text{VaR} = \frac{\partial \text{VaR}(A)}{\partial x_1} \cdot x_1 + \frac{\partial \text{VaR}(A)}{\partial x_2} \cdot x_2 = 0,5 \cdot 3 + 0,2 \cdot 2 = 1,9.$$

Kap. 3

Aufgabe 3.1 Nicht fungibel sind z.B. Erfindungen, welche (noch) nicht patentiert wurden sowie sonstige immaterielle Vermögensgegenstände (z.B. Know How etc.). Fungible

Vermögensgegenstände sind hingegen i. d. R. alle Sachanlagen und Rohstoffe. Forderungen können entweder fungibel sein oder nicht, je nachdem, ob diese z. B. im Rahmen eines Factorings an ein Kreditinstitut übertragen werden können. Patente sowie Immobilien und große Sachanlagen stellen illiquide Vermögensgegenstände dar. Vorprodukte können entweder liquide oder illiquide sein, je nachdem, ob es sich um standardisierte Vorprodukte oder um spezielle Maßanfertigungen handelt. Zu den liquiden Vermögensgegenständen zählen insbesondere börsennotierte Wertpapiere und Währungen.

Aufgabe 3.2 Ratingagenturen möchten ihr Alleinstellungsmerkmal erhalten. Würden Sie den Zusammenhang zwischen der Ratingklasse und der Eigenkapitalquote offen legen, wäre es für jeden Anderen leichter, das Rating zu reproduzieren.

Aufgabe 3.3 Nein. Damit würde das Risikokapital des Unternehmens steigen, das Eigenkapital jedoch nicht, d. h., die Investition in Aktien wäre unzulässig.

Aufgabe 3.4 Die Manager werden Investitionen tendenziell in Geschäftsbereichen mit kleinen Risikogewichten oder geringem Umsatz (aber hoher Umsatzrendite) durchführen.

Aufgabe 3.5 Die Cooke Ratio basiert auf der Summe der risikogewichteten Aktiva und weist insofern einen Bezug zum faktorbasierten Ansatz auf.

Aufgabe 3.6 Zum Zeitpunkt der Erstellung dieses Buchs lag der DAX 30 bei 15.669 Punkten. Es ist sehr unwahrscheinlich, dass der DAX 30 die Marke von 6000 Punkten binnen eines Jahres unterschreitet. Dazu müsste er um über 60 % fallen, was einem gravierenden Crash gleichkommen würde. Nichtsdestotrotz ist die Wahrscheinlichkeit **nicht** gleich null.

Aufgabe 3.7

a) Die Bilanz am Anfang des Jahres lautet (Beträge in Mio. €):

Aktiva		Passiva
	Gezeichnetes Kapital	10
	Kapitalrücklage	20
	Gewinnrücklagen	20
	Gewinn-/Verlustvortrag	0
	Jahresüberschuss	0
	Fremdkapital	150
Σ 200	Σ	200

b) Die Bilanz am Ende des Jahres sieht wie folgt aus:

Aktiva		Passiva
	Gezeichnetes Kapital	10
	Kapitalrücklage	20
	Gewinnrücklagen	20
	Gewinn-/Verlustvortrag	0
	Jahresüberschuss	20
	Fremdkapital	150
Σ 220	Σ	220

c) Nach dem Jahresabschluss lautet die Bilanz:

Aktiva		Passiva
	Gezeichnetes Kapital	10
	Kapitalrücklage	20
	Gewinnrücklagen	40
	Gewinn-/Verlustvortrag	0
	Jahresüberschuss	0
	Fremdkapital	150
Σ 220	Σ	220

d) Vor dem Jahresabschluss erhalten wir die folgende Bilanz:

Aktiva		Passiva
	Gezeichnetes Kapital	10
	Kapitalrücklage	20
	Gewinnrücklagen	20
	Gewinn-/Verlustvortrag	0
	Jahresüberschuss	-30
	Fremdkapital	150
Σ 170	Σ	170

Nach dem Jahresabschluss ergibt sich:

Aktiva		Passiva
	Gezeichnetes Kapital	10
	Kapitalrücklage	10
	Gewinnrücklagen	0
	Gewinn-/Verlustvortrag	0
	Jahresüberschuss	0
	Fremdkapital	150
Σ 170	Σ	170

Aufgabe 3.8 Die Eigenkapitalquote beträgt

$$\frac{2 + 1 + 1 + 1}{100} = 0,05 \geq 0,05 \, .$$

Damit erfüllt die Park Bank also die erste Eigenkapitalanforderung nach Basel I. Die Summe aller risikogewichteten Aktiva beträgt

$$0 \cdot 5 + 1 \cdot 10 + 0 \cdot 50 + 1 \cdot 20 + 0 \cdot 10 + 1 \cdot 5 = 35 \, .$$

Somit gilt bezüglich der Cooke Ratio

$$\frac{2 + 1 + 1 + 1}{35} = 0,1429 \geq 0,08$$

und damit erfüllt die Park Bank auch die zweite Eigenkapitalanforderung nach Basel I.

Aufgabe 3.9 Die Eigenkapitalquote muss mindestens 5 % betragen.

Aufgabe 3.10

a) Nach der Investition sieht die Bilanz wie folgt aus:

Aktiva		Passiva	
Sachanlagen	60	Grundkapital	10
Forderungen	40	Kapitalrücklage	30
Kasse	0	Gewinnrücklagen	10
Rohstoffe	110	Kredite	120
Vorprodukte	60	Anleihen	100
Σ	270	Σ	270

b) Das Eigenkapital beträgt derzeit 50 Mio. € und bleibt unverändert. Somit darf das Risikokapital durch die Investition höchstens um 10 Mio. € steigen.

Aufgabe 3.11

a) Das Risikokapital beträgt

$$0,2 \cdot 150 + 0,4 \cdot 210 + 0,1 \cdot 60 + 0,5 \cdot 20 + 2 \cdot 40 = 210 \text{ Mio. } €.$$

b) Der Computerhersteller müsste auf

$$\frac{210 - 200}{0,5} = 20 \text{ Mio. } €$$

Umsatz in der Peripherie-Sparte verzichten, d. h., er müsste sein Peripherie-Geschäft komplett aufgeben.

Aufgabe 3.12 Der Gewinn des Unternehmens setzt sich wie folgt zusammen:

$$\text{Gewinn} = \text{Eigenkapital} \cdot \frac{\text{Gewinn}}{\text{Umsatz}} \cdot \frac{\text{Umsatz}}{\text{Eigenkapital}}.$$

Auf der einen Seite sollte der Manager also möglichst viel Eigenkapital in Geschäftsbereiche investieren, in denen die

$$\text{Eigenkapitalrendite} := \frac{\text{Gewinn}}{\text{Eigenkapital}} = \frac{\text{Gewinn}}{\text{Umsatz}} \cdot \frac{\text{Umsatz}}{\text{Eigenkapital}}$$

am höchsten ist.[1] Auf der anderen Seite muss er jedoch dafür Sorge tragen, dass das Unternehmen gerade noch tragfähig ist. Wir können die unterschiedlichen Kennzahlen der folgenden Tabelle entnehmen:

GB	A	B	C
Umsatz/Eigenkapital	1	2	3
Gewinn/Umsatz	0,12	0,04	0,06
Gewinn/Eigenkapital	0,12	0,08	0,18
Gewicht	0,50	0,25	0,50

Damit lohnt sich also GB C am meisten. Allerdings darf das Unternehmen nicht das gesamte Eigenkapital in C investieren. Ansonsten würde das Risikokapital nämlich

$$10 \cdot 3 \cdot 0,50 = 15 \text{ Mio. } €$$

betragen und damit das gegebene Eigenkapital übersteigen. Letztlich muss der Manager eine optimale Kapitalallokation zwischen A und C finden, denn – gemessen an der Eigenkapitalrendite – ist A die zweitbeste Alternative. Zu diesem Zweck löst er die lineare Gleichung

---

[1]Wir gehen in Abschn. 4.2.1 detaillierter auf den Begriff der Eigenkapitalrendite ein.

$$(10 - x) \cdot 1 \cdot 0{,}50 + x \cdot 3 \cdot 0{,}50 \overset{!}{=} 10 \,,$$

wobei x der Betrag ist, den der Manager in C investiert. Es gilt

$$(10 - x) \cdot 1 \cdot 0{,}50 + x \cdot 3 \cdot 0{,}50 = 5 + x$$

und damit erhält er

$$x = 5 \,.$$

D. h., der Manager investiert 5 Mio. € in A und 5 Mio. € in C. GB B wird also aufgegeben.

Aufgabe 3.13 Es gilt

Risikofaktor	bester Fall	Normalfall	schlechtester Fall
	30 %	60 %	10 %
X_1	12.000	10.650	9000
X_2	2400	2150	1800
L	−7	0	8,6

a) Die Verlustverteilung wird in Abb. A.2 dargestellt.
b) Der 95 %-VaR beträgt 8,6 Tsd. € (vgl. Abb. A.2).

Aufgabe 3.14 Als Risikofaktoren kommen z. B. in Frage:

1. Zinsniveau
2. Wirtschaftslage

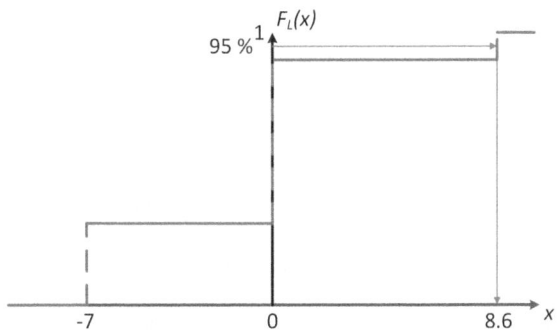

Abb. A.2 Verlustverteilung des Spekulanten

3. Nachfrage nach Wohneigentum
4. Angebot an Wohneigentum
5. Immobilienpreise

Zinsen sind die Haupteinnahmequelle einer Hypothekenbank. Je höher die Zinsen, desto
höher der Gewinn der Bank. D. h., das Zinsniveau wirkt sich *negativ* auf den Verlust aus.
Die Wirtschaftslage („Konjunktur") wirkt sich positiv auf die Bonität der Kreditnehmer
aus. Je schlechter die Konjunktur, desto größer das Risiko von Zahlungsausfällen. Damit
wirkt sich die Konjunktur also auch negativ auf den Verlust aus. Die Nachfrage nach Wohneigentum spielt natürlich auch eine entscheidende Rolle. Je größer die Nachfrage, desto
größer auch die Anzahl verkaufter Immobilien. Diese Anzahl hängt aber auch vom Angebot
an Wohneigentum ab. Je geringer das Angebot, desto geringer die Anzahl. Angebot und
Nachfrage wirken sich auch auf die Immobilienpreise aus. Je höher die Immobilienpreise,
desto größer ist c. p. der Umsatz und somit auch der Gewinn der Bank. Bei einem Crash
auf dem Immobilienmarkt verlieren die von der Bank gepfändeten Immobilien zudem massiv an Wert und müssen zumindest teilweise abgeschrieben werden. Damit wirken sich die
Immobilienpreise wiederum negativ auf den Verlust einer Hypothekenbank aus.

Aufgabe 3.15 Zwischen dem Verlust und den beiden Risikofaktoren DAX 30 (X_1) und
S&P 500 (X_2) besteht der folgende Zusammenhang:

$$L = -0,005 \cdot (X_1 - 10.650) - 0,001 \cdot (X_2 - 2150).$$

Es gilt also $\lambda(x_1, x_2) = 0$ sowie $\Delta_{\text{DAX}} = -0,005$ und $\Delta_{\text{S\&P}} = -0,001$. Die Varianz des
Verlustes beträgt also

$$(-0,005)^2 \cdot 1000^2 + (-0,001)^2 \cdot 200^2 + \ldots$$
$$2 \cdot (-0,005) \cdot (-0,001) \cdot 1000 \cdot 200 \cdot 0,7 = 26,44$$

und der daraus resultierende 95 %-VaR ist somit

$$\text{VaR}_{0,95}(L) = \sqrt{26,44} \underbrace{\Phi^{-1}(0,95)}_{= 1,6449} = 8,46 \text{ Tsd. €.}$$

Aufgabe 3.16 Es gilt offenbar

$$\lambda(x_1, x_2, \ldots, x_m) - \sum_{i=1}^{m} \Delta_i x_i = \beta_0$$

und

$$\Delta_i = \beta_i, \quad i = 1, 2, \ldots, m.$$

Aufgabe 3.17

a)

X_1	185	165	171	182	174
X_2	114	98	110	115	105
Verlust	-92	154	22	-84	49

b) Siehe Abb. A.3.

c) Der 95 %-VaR beträgt 154 Tsd. € (siehe Abb. A.3).

Aufgabe 3.18

a) Die Varianz des Verlustes unter der Annahme $\rho_{12} = 0$ beträgt

$$3^2 \cdot 10^2 + 2^2 \cdot 5^2 = 1000 \,.$$

Der 95 %-VaR ist also

$$\text{VaR}_{0,95}(L) = -10 + \sqrt{1000}\,\Phi^{-1}(0,95) = 42,02 \,.$$

b) Nun beträgt die Varianz des Verlustes

$$3^2 \cdot 10^2 + 2^2 \cdot 5^2 + 2 \cdot 3 \cdot 2 \cdot 10 \cdot 5 \cdot 0,5 = 1300$$

und der 95 %-VaR ist somit

$$\text{VaR}_{0,95}(L) = -10 + \sqrt{1300}\,\Phi^{-1}(0,95) = 49,31 \,.$$

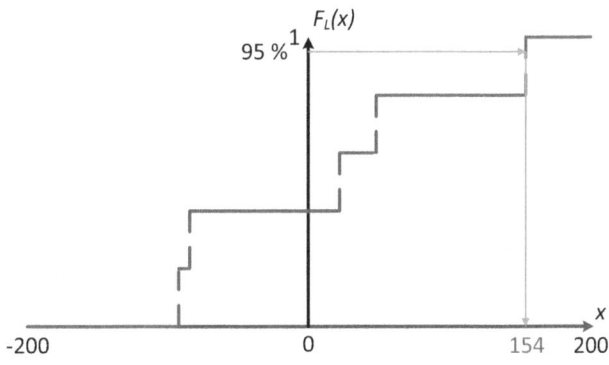

Abb. A.3 Verlustverteilung des Immobilienmaklers

c) Ein positiver Korrelationskoeffizient drückt aus, dass sich die Risikofaktoren tendenziell *gemeinsam* ungünstig entwickeln, wodurch die Gefahr von Verlusten (im Vergleich zum Fall $\rho_{12} = 0$) steigt.

Aufgabe 3.19

a) Sie können die gesuchten Zeitreihen der Abb. A.4 entnehmen.
b) Die Begründung ist die gleiche wie beim DAX 30 (vgl. Abschn. 3.2.5): Immobilien- preise wachsen aufgrund der Inflation (sowie aus demografischen Gründen) exponentiell und die Preisfluktuation steigt mit der Zeit.
c) Wir können die ursprünglichen Zeitreihen durch Logarithmieren und Differenzieren in stationäre Zeitreihen verwandeln:

$$Y_t = \ln \frac{\text{Index zum Zeitpunkt } t}{\text{Index zum Zeitpunkt } t - 1}.$$

d) Wir können den Verlust nun wie folgt berechnen:

$$L = -0{,}05x_1 x_2 \left(e^{Y_1 + Y_2} - 1 \right).$$

Die Risikofaktoren und entsprechenden Verluste entnehmen wir der folgenden Tabelle:

Index	2007	2008	2009	2010	2011	2012
X_1	99,7	99,6	98,6	100	102,6	106,8
Y_1	–	−0,0010	−0,0101	0,0141	0,0257	0,0401
X_2	83,1	83,1	91	100	111,6	113,1
Y_2	–	0	0,0908	0,0943	0,1098	0,0134
L	–	0,97	−80,92	−110,21	−139,58	−52,87
Index	2013	2014	2015	2016	2017	2018
X_1	112,3	118,2	126,3	136,8	146,9	159,1
Y_1	0,0502	0,0512	0,0663	0,0799	0,0713	0,0798
X_2	109	110,6	115,1	115,7	109,9	109,5
Y_2	−0,0369	0,0146	0,0399	0,0052	−0,0514	−0,0036
L	−12,88	−65,44	−107,80	−85,45	−19,25	−76,14

Es liegen 11 historisch simulierte Beobachtungen des Verlustes vor. D. h., die Vertei- lungsfunktion des Verlustes besteht aus 11 Stufen, wobei jede Stufe die Höhe 1/11 hat. Wegen $0{,}95 > 10/11$ entspricht der 95 %-VaR also gerade dem höchsten simulierten Verlust, sprich: 9700 €. Tatsächlich hätte der Immobilienmakler lediglich unmittel- bar nach dem Platzen der US-Immobilienpreisblase 2007 einen relativ kleinen Verlust erlitten. Seit dem hat sich der Immobilienmarkt jedoch wieder prächtig entwickelt.

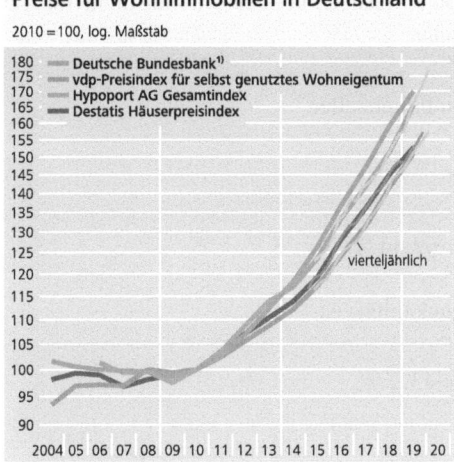

Preise für Wohnimmobilien in Deutschland

2010 = 100, log. Maßstab

- Deutsche Bundesbank[1]
- vdp-Preisindex für selbst genutztes Wohneigentum
- Hypoport AG Gesamtindex
- Destatis Häuserpreisindex

vierteljährlich

2004 05 06 07 08 09 10 11 12 13 14 15 16 17 18 19 20

1 Transaktionsgewichtet. Eigene Berechnungen auf Basis von Preisangaben der bulwiengesa AG.

Deutsche Bundesbank

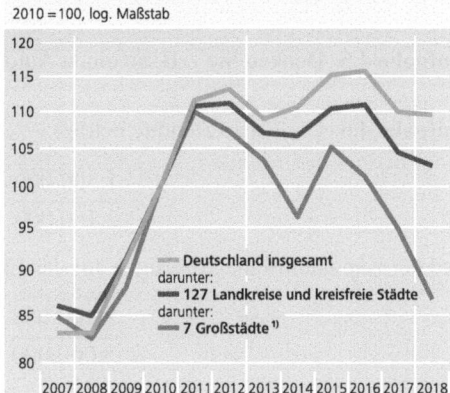

Anzahl der Transaktionen von Eigentumswohnungen in Deutschland*)

2010 = 100, log. Maßstab

- Deutschland insgesamt
darunter:
- 127 Landkreise und kreisfreie Städte
darunter:
- 7 Großstädte[1]

2007 2008 2009 2010 2011 2012 2013 2014 2015 2016 2017 2018

* Hochrechnungen der vdpResearch GmbH auf Basis von Angaben der Gutachterausschüsse. 1 Berlin, Düsseldorf, Frankfurt am Main, Hamburg, Köln, München und Stuttgart.

Deutsche Bundesbank

Abb. A.4 Immobilienpreisindizes (links) und Transaktionsanzahlen für Eigentumswohnungen (rechts). Quelle: Deutsche Bundesbank

Aufgabe 3.20 Die Monte-Carlo-Simulation bietet sich an, wenn Sie von einem bestimmten Modell für die gemeinsame Verteilung der Risikofaktoren überzeugt sind oder die Anzahl historischer Beobachtungen zu klein ist. Die Gefahr besteht darin, dass Sie sich bei der Wahl des Modells irren und womöglich das Risiko extremer Verluste unterschätzen. Falls Sie dem Modellrisiko entgehen wollen und über eine hinreichend große Anzahl von Beobachtungen verfügen, sollten Sie sich für die historische Simulation entscheiden. Ist die Anzahl der zur Verfügung stehenden Beobachtungen jedoch zu klein, könnten Sie das Risiko extremer Verluste unterschätzen.

Kap. 4

Aufgabe 4.1 Sie könnte z. B. Kapital aus dem GB „Blitzeinschlag" in den GB „Feuerversicherung" umschichten.

Aufgabe 4.2 Eigenschaft **B** besagt, dass $\rho(x_i) \geq x_i$ für alle Summanden von $\sum_{i=0}^{N} \rho(x_i)$ gelten muss. Daraus folgt unmittelbar die dargestellte Ungleichung. Das Unternehmen kann aufgrund von Diversifikationseffekten zwischen den Geschäftsbereichen dennoch tragfähig sein.

Aufgabe 4.3 Ja. In diesem Fall wäre die Eigenschaft **A** verletzt, und die Securitas wäre nicht mehr tragfähig. Somit wäre die gegebene Allokation auch keine Zuteilung mehr.

Aufgabe 4.4 Da der ROI auf vergangenen Daten basiert, können wir ihn nicht für die Planung künftiger Investitionsvorhaben verwenden.

Aufgabe 4.5 Denken Sie z. B. an einen Automobilhersteller.

Aufgabe 4.6 Die Umsatzrendite beträgt

$$\frac{1.500.000}{2.160.000} = 69,44\,\%$$

und der Kapitalumschlag (bezogen auf das Eigenkapital) ist

$$\frac{2.160.000}{5.000.000} = 43,2\,\%.$$

Aufgabe 4.7 In diesem Fall erhalten wir

$$\text{ROA} = \frac{1.500.000 + 250.000 + 360.000}{10.000.000} = 21,1\,\%.$$

Aufgabe 4.8 Das Unternehmen könnte ja das vorhandene Exzesskapital einfach durch Fremdkapital ersetzen und würde damit den gleichen Gewinn mit einem geringeren Eigenkapitaleinsatz erzielen.

Aufgabe 4.9 Das Risiko der Eigenkapitalgeber wird durch die Hurdle Rate berücksichtigt.

Aufgabe 4.10 In diesem Spezialfall erfolgt keine Risikoadjustierung. Das Risiko der Eigenkapitalgeber wird somit also nicht berücksichtigt.

Aufgabe 4.11 Im ersten Fall handelt es sich um eine Ex-ante-Analyse. Im zweiten Fall haben wir es stattdessen mit einer Ex-post-Analyse zu tun.

Aufgabe 4.12 Zum einen ist der vergangene Erfolg eines Unternehmens mit Zufall behaftet. D. h., wir besitzen keine Garantie, dass sich der Erfolg wiederholt. Zum anderen kann sich das Investitionsprogramm des Unternehmens im Zeitablauf wesentlich verändern, womit wir es in Zukunft faktisch nicht mehr mit dem gleichen Unternehmen zu tun hätten.

Aufgabe 4.13 Es gilt

$$R_i = r + \beta_i(R_M - r) + \varepsilon_i$$

mit $\text{Cov}(R_M, \varepsilon_i) = 0$. Somit erhalten wir

$$\sigma_i^2 = \text{Var}(R_i) = \beta_i^2 \underbrace{\text{Var}(R_M)}_{=\sigma_M^2} + 2\beta_i \underbrace{\text{Cov}(R_M, \varepsilon_i)}_{=0} + \text{Var}(\varepsilon_i)$$

$$= \beta_i^2 \sigma_M^2 + \text{Var}(\varepsilon_i).$$

Hierbei stellt $\beta_i^2 \sigma_M^2$ den systematischen und $\text{Var}(\varepsilon_i)$ den unsystematischen Teil von σ_i^2 dar.

Aufgabe 4.14

a) Das Risikokapital von Campus Burger beträgt

$$18 \cdot 0 + 90 \cdot 0,2 + 60 \cdot 0,5 + 32 \cdot 1,0 = 80 \text{ Mio. } \text{€}.$$

Da die Restaurant-Kette Eigenkapital i. H. v. 100 Mio. € mitbringt, beträgt ihr Risikoappetit:

$$\alpha = \frac{80}{100} = 0,8.$$

b) Es handelt sich nicht um eine Zuteilung. Zum einen hält Campus Burger Exzesskapital i. H. v. 20 Mio. € vor, und zum anderen sind die Risiken der einzelnen Projekte nicht hinreichend groß.

c) Campus Burger könnte zu diesem Zweck z. B. Geld in den GB „Vorstädte" umschichten.

Aufgabe 4.15

a) Der Gewinn beträgt 30 Mio. €/Jahr (siehe Tab. A.1).

b) Die Umsatzrendite ist

$$\frac{30.000.000}{96.000.000} = 31,25\,\%$$

und da das Eigenkapital des Unternehmens 100 Mio. € beträgt, ist der Kapitalumschlag durch

$$\frac{96.000.000}{100.000.000} = 96\,\%$$

gegeben. Ferner gilt

$$\text{ROE} = \frac{30.000.000}{100.000.000} = 30\,\%.$$

Das Gesamtkapital der Campus Burger GmbH beträgt laut der Tabelle in Aufgabe 4.14 gerade

$$x = \sum_{i=0}^{N} x_i = 18 + 90 + 60 + 32 = 200 \text{ Mio. } \text{€}.$$

Somit erhalten wir

$$\text{ROA} = \frac{30.000.000 + 10.000.000}{200.000.000} = 20\,\%.$$

c) Das Risikokapital des Unternehmens beläuft sich auf 80 Mio. € (vgl. Aufgabe 4.14 Teilaufgabe a). Der ökonomische Mehrwert der Campus Burger GmbH beträgt also

$$\text{EVA} = 30.000.000 - 80.000.000 \cdot 0{,}2 = 14.000.000 \,\text{€}.$$

Damit erhalten wir

$$\text{RAROC} = \frac{14.000.000}{100.000.000} = 14\,\%$$

sowie

$$\text{RORAC} = \frac{30.000.000}{80.000.000} = 37{,}5\,\%.$$

Da der EVA positiv ist (bzw. der RORAC die Hurdle Rate übersteigt), hat das Unternehmen einen ökonomischen Mehrwert erwirtschaftet.

Aufgabe 4.16

a) Es gilt ja generell $R_i - r = \alpha_i + \beta_i(R_M - r) + \varepsilon_i$ mit $\text{E}(\varepsilon_i) = 0$. Somit erhalten wir

$$\text{E}(R_i) = r + \alpha_i + \beta_i(\mu_M - r)\,.$$

Konkret gilt also:

- $\mu_A = 0{,}05 + 0 + 1{,}5 \cdot (0{,}10 - 0{,}05) = 0{,}125,$
- $\mu_B = 0{,}05 + 0{,}025 + 0{,}5 \cdot (0{,}10 - 0{,}05) = 0{,}10$ und
- $\mu_C = 0{,}05 + (-0{,}02) + 1 \cdot (0{,}10 - 0{,}05) = 0{,}08.$

b) Die Sharpe Ratios betragen

$$\text{Sh}_A = \frac{0{,}125 - 0{,}05}{0{,}30} = 0{,}25,$$

$$\text{Sh}_B = \frac{0{,}10 - 0{,}05}{0{,}25} = 0{,}20$$

sowie

$$\text{Sh}_C = \frac{0{,}08 - 0{,}05}{0{,}20} = 0{,}15\,.$$

Demnach sollte der Investor Aktie A bevorzugen. Die Treynor Ratios lauten hingegen

$$\text{Tr}_A = \frac{0{,}125 - 0{,}05}{1{,}5} = 0{,}05,$$

$$\text{Tr}_B = \frac{0{,}10 - 0{,}05}{0{,}5} = 0{,}10$$

sowie

Tab. A.1 Aufgabe 4.15

	Pro Restaurant (€/Jahr)	Insgesamt (€/Jahr)
Umsatz	1.200.000	96.000.000
Rohstoffe & Vorprodukte	300.000	24.000.000
Miete	100.000	8.000.000
Personalkosten	250.000	20.000.000
Abschreibung		4.000.000
Zinsen		10.000.000
Kosten		66.000.000
Gewinn		30.000.000

$$\text{Tr}_C = \frac{0,08 - 0,05}{1} = 0,03 \, .$$

Es gilt

$$\mu_M - r = 0,10 - 0,05 = 0,05 \, .$$

Laut der Treynor Ratio ist Aktie A somit ein Normalperformer, Aktie B ein Überperformer und Aktie C ein Unterperformer. Die gleichen Schlussfolgerungen gelten hinsichtlich Jensens Alpha.

Kap. 5

Aufgabe 5.1

1. Das interne Umfeld, sprich: die Unternehmenskultur, bei der strategischen Ausrichtung einer chinesischen Niederlassung.
2. Die transparente Kommunikation der betrieblichen Ziele des Geschäftsbereichs „Unterhaltungselektronik".
3. Die Überwachung der Regeleinhaltung interner Vorschriften zum Risikomanagement in China.

Aufgabe 5.2 In diesem Fall stellen die Kuponzahlungen die Fremdkapitalkosten dar.

Aufgabe 5.3 Nein. Eigenkapitalkosten sind Bestandteil der Kosten- und Leistungsrechnung des Unternehmens und tauchen nicht in der Finanzbuchhaltung auf.

Aufgabe 5.4 Siehe Abb. A.5.

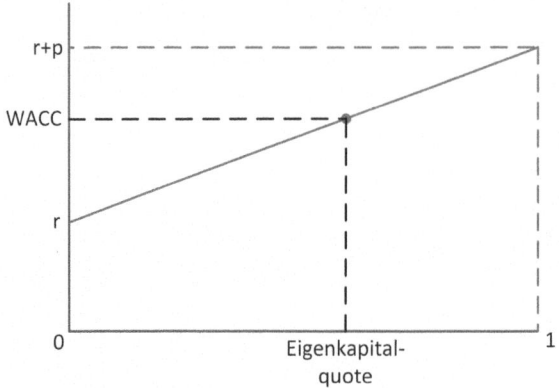

Abb. A.5 WACC als Funktion der Eigenkapitalquote

Aufgabe 5.5 Der Wert aller Schulden eines Unternehmens wird durch das aktuelle Zinsniveau am Kapitalmarkt bestimmt. Zudem rechnen die Marktteilnehmer auch mit dem Risiko einer etwaigen Zahlungsunfähigkeit. Somit entspricht der Wert aller Schulden im Allgemeinen *nicht* der Restschuld des Unternehmens.

Aufgabe 5.6 Er hat durch die Wahl des Investitionsprogramms Einfluss auf den erwarteten künftigen Marktwert sowie auf das systematische Risiko des Unternehmens. In aller Regel hat er aufgrund einer atomistischen Marktstruktur jedoch keinen (wesentlichen) Einfluss auf den risikolosen Zinssatz und auf die erwartete Rendite des Marktportfolios.

Aufgabe 5.7 Durch die Umstellung des Investitionsprogramms verringert sich das systematische Risiko des Unternehmens beträchtlich. Vermutlich setzt Kevin Kölsch auf alternative Technologien oder auf Produkte, die besonders stark während einer Rezession nachgefragt werden.

Aufgabe 5.8

- Entweder handelt es sich um ein Großunternehmen, sodass die Investition lediglich einen verschwindend kleinen Einfluss auf das Investitionsprogramm hat, oder
- die Investition hebt sich von den bisherigen Investitionsprojekten aus ökonomischer Sicht nicht wesentlich ab.

Aufgabe 5.9

a) Die Fremdkapitalkosten der Taxi Leasing GmbH belaufen sich auf

$$5.000.000 \cdot 0{,}05 = 250.000 \, \text{€}.$$

b) Die Eigenkapitalgeber verlangen offenbar

$$\rho(A) \cdot h = 4.000.000 \cdot 0{,}2 = 800.000 \, \text{€}.$$

Der Eigenkapitalkostensatz beträgt somit

$$\frac{800.000}{5.000.000} = 16 \, \%.$$

c) Der gewichtete durchschnittliche Kapitalkostensatz beträgt

$$\text{WACC} = 0{,}5 \cdot 0{,}16 + 0{,}5 \cdot 0{,}05 = 10{,}5 \, \%.$$

Aufgabe 5.10

a) Der gegenwärtige Marktwert aller Aktien ist

$$V = \frac{0{,}1 \cdot 1500 + 0{,}2 \cdot 1200 + 0{,}3 \cdot 1400 + 0{,}25 \cdot 800 + 0{,}15 \cdot 1000}{1 + 0{,}04 + 2 \cdot (0{,}10 - 0{,}04)}$$
$$= \frac{1160}{1{,}16} = 1000 \, \text{Mio. €}.$$

b) Aus der in der Aufgabenstellung gegebenen Tabelle erkennt man, dass das Insolvenz-risiko von Methusalem gleich null ist. D. h., die Gläubiger rechnen mit dem risikolosen Zinssatz. Der gegenwärtige Marktwert aller Schulden beträgt somit

$$\frac{520}{1{,}04} = 500 \, \text{Mio. €}.$$

c) Der gegenwärtige Marktwert von Methusalem beträgt

$$1000 + 500 = 1500 \, \text{Mio. €}.$$

Aufgabe 5.11 Die Methusalem AG ist ein Großunternehmen und bei dem Chemielabor handelt sich offenbar um eine relativ kleine Investition, welche keinen wesentlichen Einfluss auf das bestehende Investitionsprogramm des Unternehmens hat. Daher können wir mit einem unveränderten Beta rechnen. Zudem wird kein zusätzliches Eigenkapital benötigt. Der Kapitalwert der Investition beträgt somit

$$NPV = \frac{E(C)}{1 + r + \beta \, (\mu_M - r)}$$
$$= \frac{0,1 \cdot 2 + 0,2 \cdot (-1) + 0,3 \cdot 1 + 0,25 \cdot (-4) + 0,15 \cdot (-2)}{1,16}$$
$$= \frac{-1}{1,16} < 0 \, .$$

Da der Kapitalwert negativ ist, sollte der Manager das Labor *nicht* eingliedern. Beachten Sie, dass der Kalkulationszinssatz in diesem Fall überhaupt keinen Einfluss auf die Entscheidungsfindung des Managers hat.

Aufgabe 5.12

a) Die Methusalem AG verfügt über ein Exzesskapital i. H. v. $1000 - 800 = 200$ Mio. €. Da der Incremental Risk der ersten Investition 300 Mio. € beträgt, müssten die Aktionäre 100 Mio. an Eigenkapital zuschießen.

b) Wir erhalten die folgenden potenziellen Marktwerte:

	Zustand				
	1	2	3	4	5
Wahrscheinlichkeit	0,1	0,2	0,3	0,25	0,15
$\tilde{V}_{\text{alt}}$	1500	1200	1400	800	1000
C_1	500	100	400	−400	−300
$\tilde{V}_{\text{neu},1}$	2000	1300	1800	400	700
C_2	−600	0	−300	500	100
$\tilde{V}_{\text{neu},2}$	900	1200	1100	1300	1100

Der Kapitalwert der ersten Investition beträgt somit

$$NPV_1 = \frac{0,1 \cdot 2000 + 0,2 \cdot 1300 + 0,3 \cdot 1800 + 0,25 \cdot 400 + 0,15 \cdot 700}{1,16} - 1000 - 100$$
$$= \frac{1205}{1,16} - 1000 - 100 = -61,21 \text{ Mio. €.}$$

Der Kapitalwert der zweiten Investition ist hingegen

$$NPV_2 = \frac{0,1 \cdot 900 + 0,2 \cdot 1200 + 0,3 \cdot 1100 + 0,25 \cdot 1300 + 0,15 \cdot 1100}{1 + 0,04 + 1 \cdot (0,10 - 0,04)} - 1000$$
$$= \frac{1150}{1,10} - 1000 = 45,45 \text{ Mio. €.}$$

Der Manager sollte sich somit für die zweite Investition entscheiden.

Glossar

Aktiva: alle Vermögensgegenstände inklusive der Forderungen eines Unternehmens
Beta: ein Maß für das systematische Risiko einer Aktie
Bewertungsrisiko: die Gefahr einer Fehlbewertung komplexer Finanzinstrumente
Bonität: Kreditwürdigkeit
ceteris paribus: unter sonst gleich bleibenden gleichbleibenden Umständen
Derivat: ein Finanzinstrument, das auf einem anderen Finanzinstrument basiert
Diversifikation: Risikostreuung
Eigenkapital: der Betrag auf der Passivseite einer Bilanz, welcher den Eigentümern des Unternehmens zusteht
Eigenkapitalquote: der Anteil der Bilanzsumme eines Unternehmens, der auf das Eigenkapital entfällt

G. Frahm, *Enterprise Risk Management,*
https://doi.org/10.1007/978-3-658-31284-8

Exzesskapital: das Eigenkapital eines Unternehmens, welches zur Vermeidung einer Insolvenz nicht erforderlich ist

Fremdkapital: der Betrag auf der Passivseite einer Bilanz, welcher den Gläubigern des Unternehmens zusteht

Fremdkapitalquote: der Anteil der Bilanzsumme eines Unternehmens, der auf das Fremdkapital entfällt

Fungibilität: die Veräußerungsfähigkeit eines Vermögensgegenstands

Fusion: die Verschmelzung von Unternehmen

Hurdle Rate: die von den Eigenkapitalgebern verlangte Rendite auf das Risikokapital

Insolvenz: die Zahlungsunfähigkeit oder Überschuldung eines Unternehmens

Insolvenzrisiko: die Gefahr einer Insolvenz

Investitionsprogramm: die Gesamtheit aller aktuellen und künftigen Investitionsprojekte eines Unternehmens

Kaufoption: ein Derivat, welches seinem Inhaber das Recht verleiht, ein bestimmtes Finanzinstrument während oder am Ende eines bestimmten Zeitraums zu einem vorher festgelegten Kurs zu kaufen

Klumpenrisiko: die Gefahr eines gleichzeitigen Wertverfalls mehrerer Aktiva eines Unternehmens

Kreditrisiko: die Gefahr, dass ein Kreditnehmer seinen Zahlungsverpflichtungen nicht nachkommt

Liquidität: die Fähigkeit, Aktiva rechtzeitig ohne allzu große Einbußen zu liquidieren

Liquiditätsrisiko: die Gefahr, dass man seinen Zahlungsverpflichtungen nicht nachkommen kann

Marktportfolio: das aggregierte Portfolio aller Aktionäre

Marktrisiko: die Gefahr einer ungünstigen Entwicklung von Marktpreisen

Modellrisiko: die Gefahr, dass extreme Risiken durch die Wahl eines realitätsfernen Modells unterschätzt werden

ökonomisches Kapital: das Eigenkapital eines Unternehmens, welches zur Vermeidung einer Insolvenz erforderlich ist

ökonomischer Mehrwert: der Gewinn eines Unternehmens abzüglich seiner Eigenkapitalkosten

operationelles Risiko: die Gefahr von Verlusten aufgrund falscher Systeme, misslungener interner Betriebsabläufe, menschlichen Versagens und externer Ereignisse

Passiva: alle Verbindlichkeiten eines Unternehmens

Portfoliogewicht: der Eigenkapitalanteil einer Position innerhalb eines Portfolios bestehend aus Finanzinstrumenten

Rating: die Bonitätsbeurteilung eines Unternehmens oder Staates

Ratingkapital: das von einer Ratingagentur implizit geforderte Eigenkapital eines Unternehmens

regulatorisches Kapital: das Eigenkapital, welches eine Bank oder eine Versicherung aufbringen muss, um ihr Geschäft betreiben zu dürfen

Rendite: der Gewinn aus einer Investition im Verhältnis zum eingesetzten Eigenkapital

Reputationsrisiko: die Gefahr negativer wirtschaftlicher Auswirkungen aufgrund einer Schädigung des Rufs des Unternehmens

Risiko: die Gefahr eines unternehmerischen Verlustes bzw. eine Entscheidungssituation, in der die Wahrscheinlichkeiten künftiger Umweltzustände objektiv gegeben sind

Risikoaggregation: die Aggregation aller Risiken eines Unternehmens

Risikoappetit: das Risikokapital eines Unternehmens im Verhältnis zu seinem Eigenkapital

Risikoaversion: die Abneigung eines Investors gegen das Risiko eines Verlustes

Risikodiversifikation: Ein Unternehmen versucht möglichst viele kleine und unabhängige Einzelrisiken einzugehen.

Risikokapital: das Eigenkapital eines Unternehmens, welches zwecks Deckung potenzieller Verluste benötigt wird

Risikokompensation: Ein Unternehmen versucht Risiken durch den Produktpreis zu kompensieren.

Risikokontrolle: die Messung und Überwachung von Risiken

Risikolimitation: Ein Unternehmen versucht bestimmte Risiken von vornherein durch die Begrenzung riskanter Projekte zu vermeiden.

Risikomanagement: die Steuerung von Risiken

Risikomaß: ein Maß für das Risikokapital eines Unternehmens

Risikoreduktion: Ein Unternehmen versucht Risiken ausfindig zu machen, um diese zu verringern oder auf Andere abzuwälzen.

Risikotoleranz: der zulässige Schwellenwert für den Risikoappetit eines Unternehmens

risikotragendes Kapital: das Eigenkapital eines Unternehmens, welches zur Vermeidung einer Insolvenz verfügbar ist

Schätzrisiko: die Gefahr, dass extreme Risiken aufgrund einer zu kleinen Stichprobe unterschätzt werden

systematisches Risiko: der zufällige Teil der Rendite einer Aktie, welcher mit der Rendite des Marktportfolios korreliert ist

systemisches Risiko: die Gefahr, dass ein Wirtschaftssystem kollabiert

Überrendite: die über den risikolosen Zinssatz hinausgehende Rendite einer riskanten Investition

Unsicherheit: eine Entscheidungssituation, in der die Wahrscheinlichkeiten künftiger Umweltzustände nicht objektiv gegeben sind

unsystematisches Risiko: der zufällige Teil der Rendite einer Aktie, welcher mit der Rendite des Marktportfolios unkorreliert ist

Value-at-Risk: der kleinstmögliche Verlustbetrag, welcher mit einer Wahrscheinlichkeit größer oder gleich $p \in \,]0, 1[$ nicht überschritten wird

Verkaufsoption: ein Derivat, welches seinem Inhaber das Recht verleiht, ein bestimmtes Finanzinstrument während oder am Ende eines bestimmten Zeitraums zu einem vorher festgelegten Kurs zu verkaufen

Literaturverzeichnis

Frank Knight gilt als Begründer der „Chicagoer Schule" der Ökonomie, welche besonders viele Nobelpreisträger hervorgebracht hat. Im folgenden Werk setzt er sich mit Risiken unternehmerischen Handelns auseinander:

Knight, F.H. (1921): „Risk, Uncertainty and Profit", Hart, Schaffner and Marx.

Das folgende Buch enthält eine Vielzahl von Fallstudien aus der Praxis zum Thema Risikomanagement:

Deutsche Gesellschaft für Risikomanagement e. V. (2008): „Risikoaggregation in der Praxis", Springer-Verlag.

Einige der darin enthaltenen Fallstudien werden in Kap. 6 behandelt.

© Springer Fachmedien Wiesbaden GmbH, ein Teil von Springer Nature 2021
G. Frahm, *Enterprise Risk Management,*
https://doi.org/10.1007/978-3-658-31284-8

Zum Teil finden Sie die in diesem Buch beschriebenen Verfahren (mit einem Fokus auf Versicherungen) auch in dem folgenden Werk:

Kriele, M. und Wolf, J. (2012): „Wertorientiertes Risikomanagement von Versicherungsunternehmen", Springer-Verlag.

Das folgende Dokument der BIZ beschäftigt sich mit Reputationsrisiken:

BIZ (2001): Sorgfaltspflicht der Banken bei der Feststellung der Kundenidentität, Basler Ausschuss für Bankenaufsicht.

Das folgende Werk setzt sich mit historischen Staatsbankrotten und Finanzkrisen auseinander:

Reinhart, C.M. und Rogoff, K.S. (2010): „Dieses Mal ist alles anders: Acht Jahrhunderte Finanzkrisen", FinanzBuch Verlag.

Nassim Taleb ist ein Skeptiker von Prognosen und thematisiert die Auswirkung von unvorhergesehenen Ereignissen auf den Lauf der Dinge:

Taleb, N.N. (2015): „Der Schwarze Schwan: Die Macht höchst unwahrscheinlicher Ereignisse", Albrecht Knaus Verlag.

Harry Markowitz gilt als Begründer der modernen Portfoliotheorie und hat die heutige Denkweise der Finanzierungslehre maßgeblich beeinflusst:

Markowitz, H.M. (1952): „Portfolio Selection: Efficient Diversification of Investments", Wiley.

Das COSO strebt bereits seit über 20 Jahren ein einheitliches Regelwerk für das ERM an:

COSO (2004): „Unternehmensweites Risikomanagement – Übergreifendes Rahmenwerk", deutsche Übersetzung, Deutsches Institut für interne Revision e. V., 2006.

Das folgende Lehrbuch zum quantitativen Risikomanagement zählt meines Erachtens zu den besten seiner Art und sollte keinesfalls auf dem Schreibtisch eines jeden Risikomanagers fehlen:

McNeil, A.J., Frey, R. und Embrechts, P. (2015): „Quantitative Risk Management: Concepts, Techniques and Tools", Princeton.

Stichwortverzeichnis

© Springer Fachmedien Wiesbaden GmbH, ein Teil von Springer Nature 2021
G. Frahm, *Enterprise Risk Management,*
https://doi.org/10.1007/978-3-658-31284-8

The manufacturer's authorised representative in the EU is Springer
Nature Customer Service Centre GmbH, Europaplatz 3, 69115 Heidelberg,
Germany. If you have any concerns regarding our products, please
contact ProductSafety@springernature.com

Printed and bound by CPI Group (UK) Ltd, Croydon, CR0 4YY
27/04/2026
02097845-0015